〈베레를 쓴 자화상〉 (1886)

〈**수련: 아침**〉(부분) 캔버스에 유채, 200×1,275cm, c. 1915~1926, 오랑주리미술관, 프랑스

모네의 정원

자연 그 자체를 화실로 삼았던 모네에게
지베르니의 정원은 평생 꿈꿔온 이상적인 공간이었다.
그가 손수 가꾼 꽃과 나무와 연못은 그의 그림만큼
다채로운 빛과 색으로 가득했고, 이 풍경에서 영감을 받아
수많은 〈수련〉 연작이 탄생했다.
지금도 지베르니에는 모네가 남긴 살아 숨 쉬는 작품인
이 정원을 직접 보려는 사람들의 발길이 끊이지 않는다.

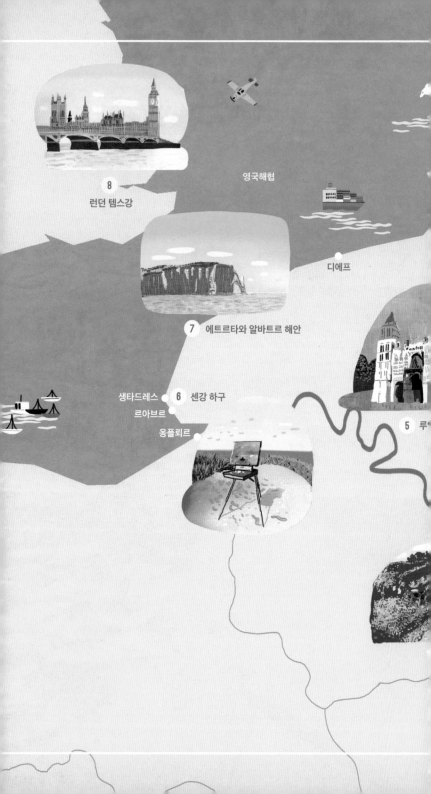

영국해협

8
런던 템스강

디에프

7 에트르타와 알바트르 해안

생타드레스 **6** 센강 하구
르아브르
옹플뢰르

5 루

모네 생애와 예술의 공간

모네라는 거장의 삶에서 두 축을 이루는 공간은 센강 유역과 노르망디 해안이다.
그가 태어난 파리에서 유년기를 보낸 르아브르까지 하나의 선으로 연결하면
곧 센강 줄기와 일치하는데, 이를 따라 아르장퇴유, 베퇴유, 지베르니, 루앙 등
그가 살거나 머물렀던 장소들이 늘어서 있다. 르아브르 북쪽으로 이어지는
노르망디 지역의 알바트르 해안에는 모네와 인상주의자들이 사랑했던 그림 같은
절경이 펼쳐지고, 르아브르에서 영국해협을 건너면 〈국회의사당〉 연작의 무대가 된
런던 템스강을 만날 수 있다.

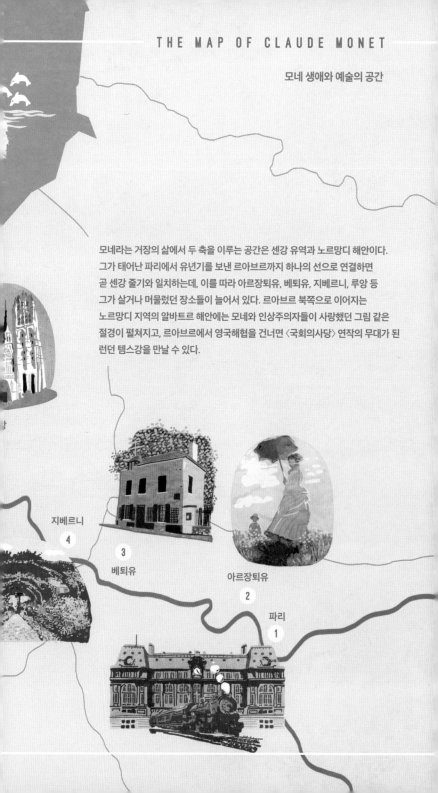

지베르니
4

3
베퇴유

아르장퇴유
2

파리
1

❶ 파리

모네 예술의 시작과 끝

열아홉 살 모네가 화가의 꿈을 안고 유학을 온 후, 파리는 줄곧 그의 주요 활동 무대였다. 샹젤리제 근처 카퓌신 대로에서 첫 인상주의 전시를 열고, 생라자르역에서 영감을 받아 최초의 연작을 그렸다. 모네 말년의 대작 〈수련〉이 전시된 오랑주리미술관을 비롯해 오르세미술관, 마르모탕모네미술관에서 그의 작품을 감상할 수 있다.

❷ 아르장퇴유

카미유와의 행복한 시간

젊은 날의 모네는 파리 근교의 휴양지 아르장퇴유에서 8년 가까이 살며 가족과 단란한 시간을 보냈다. 자연 속에서 노니는 아내 카미유와 아들 장을 모델로 한 이 시기의 그림들은 더없이 따뜻하다. 마네, 르누아르 등이 아르장퇴유로 모여들어 모네와 함께 센강에 나가 그림을 그리기도 하고 앞날에 대한 고민을 나누기도 했다.

❸ 베퇴유

가난과 상실의 장소

기차도 다니지 않는 이 작은 시골 마을에서 모네는 인생의 가장 힘겨운 고비를 넘었다. 생활고와 카미유의 건강 악화로 어려움에 처한 모네 가족이 베퇴유로 이사할 무렵, 한때 그의 후원자였던 오슈데 부부도 사업에 실패해 모네에게 의탁하러 온다. 두 가족이 서로 도와 고난을 이겨내려 하지만, 결국 카미유는 죽고 모네는 삶과 그림에 대한 의욕을 잃고 만다.

❹ 지베르니

예술적 이상의 완성

말년의 모네가 자신이 꿈꿔온 정원을 만들고, 이를 소재로 평생에 걸친 예술적 탐구의 집약체인 〈수련〉 연작을 탄생시킨 곳이다. 덕분에 그가 살아 있을 때부터 지금까지 지베르니는 모네와 인상주의를 사랑하는 사람들에게 성지와 같은 곳이다. 마을 외곽에 있는 생트라드공드성당에 모네와 알리스 그리고 자녀들이 함께 잠든 가족묘가 있다.

❺ 루앙

대표작 〈루앙대성당〉을 그린 곳

루앙은 백년전쟁의 무대이자 작가 플로베르의 고향으로 알려졌다. 모네는 2년에 걸쳐 총 6개월간 이곳에 머물며 빛에 따라 시시각각 변화하는 성당의 모습을 담은 50점의 연작을 완성했다. 모네의 친구인 클레망소는 〈루앙대성당〉을 보고 "우주를 지각하는 우리의 능력을 더욱 깊고 정교하게 만들어준다"라고 칭송했다.

❻ 센강 하구 라아브르, 생타드레스, 옹플뢰르

유년의 기억

르아브르와 생타드레스의 바닷가에서 어린 시절을 보낸 모네는 나이가 들어서도 마음이 복잡하거나 힘든 일이 있을 때면 바다를 찾았다. 아버지의 죽음과 첫 인상주의 전시 준비로 복잡한 심경을 안고 르아브르에 가서 그린 작품이 바로 〈인상, 해돋이〉다. 옹플뢰르에는 스승 부댕, 용킨트와 함께 바다 풍경을 그리러 가곤 했다.

❼ 에트르타와 알바트르 해안

예술적 영감의 장소

모네는 햇빛을 받아 하얗게 빛나는 절벽으로 유명한 알바트르 해안을 따라 여행을 다니며 그림을 그렸다. 북쪽으로 디에프, 푸르빌, 바랑즈빌이 있고 더 남쪽으로 가면 에트르타가 나온다. 코끼리 바위로 불리는 팔레즈 다발 등 이 지역의 독특하고 아름다운 풍경은 모네뿐 아니라 쿠르베, 마티스, 모파상 등 많은 예술가들에게 영감을 주었다.

❽ 런던 템스강

화가 인생의 전환점

서른 살의 모네는 프로이센·프랑스 전쟁을 피해서 간 런던에서 영국을 대표하는 풍경화가 터너의 작품을 보며 새로운 아이디어를 얻고, 평생의 후원자인 뒤랑뤼엘을 만났다. 이후 빛과 색에 관한 집요한 탐구로 자신만의 화풍을 완성한 그는 예순에 다시 찾은 런던에서 안개 낀 날씨와 템스강이 빚어내는 신비로운 분위기를 〈국회의사당〉 연작에 담아냈다.

일러두기

— 미술, 음악, 영화 등의 작품명은〈 〉, 신문, 잡지, 카탈로그는《 》, 시, 단편소설, 희곡, 칼럼은
「　」, 단행본, 장편소설은『　』로 표기했다.
— 미술 작품의 크기는 세로×가로 순으로 표기했다. 모네의 작품인 경우 화가의 이름을 따로
밝히지 않았다.
— 외래어 표기는 국립국어원의 외래어표기법을 따랐으나, 통용되는 일부 표기는 허용했다.

모네

×

허나영

빛과 색으로 완성한 회화의 혁명

arte

말년의 대작 〈수련〉을 그리는 모네

CONTENTS

빛이 가득한 모네의 화실을 찾아 나서다

"바로 이곳이 나의 화실이오."

화실을 보여달라는 기자에게 모네는 센강의 풍경을 바라보며 이렇게 대답했다. 강을 따라 온갖 수풀이 우거지고, 물결이 돌에 부딪히며 흐르는 소리가 들리고, 물고기가 뻐끔 숨을 내뱉고 다시 물속으로 들어간다. 강가에 늘어선 나무들 사이로 새소리와 바람에 흔들리는 나뭇잎 소리가 가득한 곳, 무엇보다 햇살이 시시각각 다른 모습으로 내리쬐는 그런 야외를 모네는 자신의 '화실'이라고 불렀다. 이 말은 모네가 단지 자연을 소재로 그림을 그렸다는 뜻이 아니다. 그는 문자 그대로 야외에서 그림을 그렸다. 이것이 왜 특별하냐고 물을지도 모르겠다. 이미 19세기 이후 많은 작가들이 이젤을 들고 밖으로 나갔고, 사생대회나 학창 시절 미술 시간에 밖에서 그림을 그려본 경험이 다들 한번쯤 있을 테니 말이다. 하지만 모네에게 야외 화실은 그 어떤 화가에게보다도 큰 의미를 지닌다. 결코 실내에서는 담을 수 없는 소재를 화폭에 담기 위해 야외로 나갔기 때문이다. 그것은 바로 '빛'이다. 모네는 시간에 따라 변하는 태양의 빛과 그에 따라 변하는 만물의 색을 그리기 위해 화구를 들고 센강 변으로 갔다.

서양미술사에서 빛은 다양하게 표현되어왔다. 이집트 신전 벽화에서 아톤 신은 빛줄기가 있는 태양으로 표현되고, 중세 기독교 성화에서 금색 빛은 성령을 상징한다. 바로크와 신고전주의 화가들은 극적인 화면을 연출하기 위해 연극 무대의 조명 같은 강한 빛을 그렸고, 로코코 화가들은 사랑스럽고 신비로운 빛을 화폭에 가득 담았다. 하지만 모네가 그린 빛은 실제 자연 속에서 우리가 보는 빛 그 자체였다. 하루가 시작될 때 동쪽에서 떠오른 해가 정오를 지나 하늘 가운데에 머물고 저녁이 되면 붉은 노을과 함께 서쪽으로 넘어가며 만들어내는 자연의 빛이었다. 이 빛을 더 정확히 그리기 위해 모네는 빛의 색이 잘 물든 풍경을 찾아다녔다. 그렇기에 모네의 삶은 그가 그리고자 하는 빛이 머무는 풍경을 쫓는 여정이었다.

당시 유럽 문화의 중심지였던 파리, 모네가 어린 시절을 보내고 처음으로 '인상'을 담은 작업을 시작한 르아브르Le Havre, 바다와 하얀 절벽이 만나는 노르망디 해안, 센강을 따라 올라가다보면 이르게 되는 루앙Rouen, 멋진 들판과 강이 어우러지는 아르장퇴유Argenteuil와 베퇴유Vétheuil와 지베르니Giverny 등이 모네의 여정에 포함된다. 친구 혹은 사랑하는 이와 함께하기도 하고 때로는 홀로 다니기도 하면서 그는 어떤 사명을 지닌 듯 끊임없이 빛을 쫓았다. 모네는 왜 그토록 빛을 그리고자 했을까? 그가 평생에 걸쳐 추구한 빛은 어떤 모습이었을까. 모네를 알아가는 예술 기행은 바로 이 질문에 대한 답을 찾는 과정일지도 모른다.

모네를 따라 여행을 하면서 가졌던 또 하나의 화두는 그의 작품을 그저 '예쁜 그림'으로 봐도 좋은가 하는 점이다. 모네가 세상을 떠난 지 수십 년이 지났음에도 전 세계 미술관에서 열리는 그의 전시회에 여전히 많은 관람객이 모여들고, 최근에는 작품 원본뿐 아니라 이를 디지털화한 체험형 전시가 새롭게 기획되기도 한다. 그가 이렇게 높은 대중적 인기를 누리는 큰 이유 중 하나는 흔히 '파스텔톤'이라고 불리는 화사하고 부드러운 색감 때문이다. 사람들은 이 색감이 마치 아름다운 비단 같다고 느낀다. 햇살이 밝은 날 하얀 양산을 쓰고 흰 드레스를 입은 여인, 붉은 양귀비가 핀 풀밭, 이름 그대로 '수련' 꽃을 소재로 한 대표작 〈수련〉 연작에 이르기까지, 그의 색감은 우리의 눈길을 단박에 사로잡는다. 그래서 미술관 아트숍에서 만날 수 있는 기념품부터 생활 소품이나 의상 디자인에까지 그의 작품이 적용된 것을 종종 볼 수 있다.

그런데 모네의 작품에서 보이는 아름다운 색 이면에는 그의 치열한 예술적 고민이 담겨 있다. 모네가 처음 빛을 담은 그림을 발표했을 때 그것은 아름답지 않은 그림, 심지어는 그림이 아닌 것으로 비판을 받았다. 그의 작품이 당시 만연해 있던 회화에 대한 통념과 선입견을 깨버렸기 때문이다. 심지어 모네의 그림을 폭력적이라고 받아들이는 이들도 있었다. 고전적인 미술을 추구하던 당시 파리 미술계는 모네를 비롯한 젊은 인상주의자들을 인정하지 않았다. 그래서 모네의 작품에는 자신만의 예술 세계를 만들어가고자 한 투쟁 의식이 녹아 있다. '투쟁'이라는 단어의 어감이 다소 강하지만, 모네는 분명 자신의 예술이 기존의 주류 예술에 대한 투쟁이라는 점을 인식하고 있었다.

기존의 질서를 깨고 새로운 길을 만드는 것, 그것은 일종의 혁명이다. 모네는 '빛'으로 혁명을 이루어냈다. 미술을 연구하는 입장에서 그가 새롭게 제시한 빛의 길이 한 세기 만에 그저 보기에 좋고 서정적인 작품으로만 여겨지는 듯해 아쉬운 마음이 크다. 마치 꽃의 깊은 향은 맡지 못한 채 겉모습만 보고 예쁘다고 이야기하는 것처럼, 모네의 그림에서 파스텔톤의 아름다운 색만 보는 것은 한쪽으로 기울어진 저울과 같다. 균형을 맞추어 제대로 감상하기 위해서는 작품과 그 너머에 있는 예술가의 이야기를 함께 보아야 한다. 그래서 나는 작품에 가려져 미처 몰랐던 모네의 삶을 이해하기 위해 그가 머물렀던 곳을 따라 여행해보고자 했다.

파리에서 르아브르까지, 센강 유역과 노르망디 지역을 중심으로 한 방문지들은 모네가 화가의 꿈을 키우고, 평생의 스승과 친구 들을 만나 작품에 대한 이야기를 나누고, 누군가와 사랑하고, 누군가를 잃고, 가난의 고달픔에 밀려가거나, 부를 누리며 화가로서의 포부를 마음껏 펼쳤던 장소들이다. 모네라는 한 화가가 살아온 흔적이 담긴 곳인 동시에 그가 찾은 빛을 화폭에 담은 곳이다. 다시 말해 모네의 '화실들'이다. 이외에도 모네가 방문하거나 여행한 지역이 적지 않지만 센강과 노르망디는 그의 인생에서 큰 축을 이루는 공간이다.

오귀스트 르누아르, 〈아르장퇴유의 정원에서 그림을 그리는 모네〉

캔버스에 유채, 46×60 cm, 1873, 워즈워스아테네움미술관, 미국이 책에서는 빛을 추구했던 모네의 삶과 예술을 하루의 빛, 즉 하루의 시간에 대입하여 구성해보았다. 인상주의의 문을 열고 가장 오랫동안 그 대표자로 살았던 모네의 삶이 과거로부터의 갑작스러운 단절이나 극적인 신화라기보다, 우리의 평범한 하루하루와 다르지 않은 것으로 보였기 때문이다. 그는 당연한 듯 주어진 삶 속에서 자신이 찾고자 한 빛을 조금 더 예민하게 관찰하고 표현했을 뿐이다.

모네는 시대의 변화에도 민감하게 반응했다. 그가 활동했던 19세기 중반에서 20세기 초의 프랑스는 산업혁명이 뒤늦게 본격적으로 진행되던 시기였다. 전에 없던 증기기관차가 프랑스 전역을 달리고 세계 각국의 문물이 수입되자, 사람들은 세계가 얼마나 넓고 다양한지 실감하기 시작했다. 프랑스혁명을 통해 형성된 시민 의식이 사회에 뿌리를 내리면서 새로운 프랑스, 미래 지향적인 도시 파리에 대한 희망도 높아졌다. 자본주의가 자리를 잡는 과정에서 경제 구조가 재편되었고, 철학과 사상도 변화했다. 이런 흐름에 맞춰 개인의 사고도 바뀌어야만 살아갈 수 있는 변화와 혁신의 시대였다.

모네의 삶을 이야기하다보니, 4차 산업혁명으로 일컬어지는 기술의 변화로 과거와 급격하게 다른 생활 기반이 형성되고 있는 지금 우리의 모습과 자연스럽게 비교하게 된다. 오늘날의 예술가들이 동시대인들의 삶에 화두를 던질 수 있는 작품을 만들어내는 것처럼, 모네 역시 급변하는 사회 속에서 새로 도래할 시대를 위한 예술을 제시할 필요를 느꼈다. 그가 대중과 평단으로부터 인정받지 못했음에도 불구하고 자신만의 예술 세계를 고집하며 앞으로 나아간 것은 그 때문이다. 모두에게 동일한 하루가 주어지지만, 모네가 품었던 예술에 대한 고집이 작은 차이를 가져온 것일지도 모른다.

모네는 자연의 빛을 그리는 동시에, 회화가 새롭게 나아갈 길에 빛을 제시하기도 했다. 그는 습도가 높은 공기 속 햇빛의 색, 바람이 많이 부는 날 하늘의 색, 시간에 따라 바뀌는 밤하늘 어둠의 농도, 기상 상태에 따라 달리 보이는 나뭇잎과 물의 색 등 자연 속에서 빛이 만들어내는 다양한 색과 분위기의 차이에 주목했다. 분명히 존재하지만 사람들이 쉽게 지각하지 못하던 것들이 모네의 그림을 통해 비로소 선명하게 드러났다. 이후 많은 예술가들이 모네가 밝힌 빛을 따라 또 다른 새로운 예술을 만들어나갔다. 모네가 추구한 빛 그리고 마침내 찾아낸 빛이 무엇이었는지 알아보기 위해, 이제 빛이 가득한 모네의 화실을 찾아 나서보자.

⟨생타드레스의 보트 경주⟩ 캔버스에 유채, 75×102cm, 1867, 메트로폴리탄미술관, 미국

01

여명

노르망디 바닷가에 이젤을 세우다

검은 바다에서 해를 기다리며

모네의 삶은 센강을 따라 이루어졌다 해도 과언이 아니다. 파리에서 태어난 그는 센강 하구인 르아브르에서 유년시절을 보냈고, 파리 근교의 아르장퇴유에서 친구들과 예술에 대한 고민을 나눴으며, 센강 유역의 대도시 루앙에서 대작을 그려냈다. 베퇴유에서는 첫 부인인 카미유 동시외를 잃었지만 지베르니에서는 새로운 가족과 함께 행복한 시간을 보냈다. 그 외에도 센강 유역 곳곳에 모네가 잠시 혹은 오랜 시간 머물면서 자신의 삶과 예술을 가꾸었던 흔적이 남아 있다. 그는 그저 센강 유역에 거처를 두었던 것이 아니라, 평생 강과 함께하며 이를 그림의 소재로 삼았다.

그렇다면 이 중 어디에서부터 모네의 삶을 이야기하면 좋을까? 출생지인 파리에서 시작해도 좋을지 모르지만, 모네의 삶과 예술에 대해 알아갈수록 그 모든 것의 시작점은 르아브르라는 생각이 확고해졌다. 노르망디 바다를 바라보며 자연의 아름다움에 눈뜨고, 자신만의 예술 세계를 만들 수 있게 도움을 준 스승 외젠 부댕을 만났을 뿐 아니라, 모네에게 인상주의자라는 이름표를 붙여준 〈인상, 해돋이〉를 그린 곳이기 때문이다. 르아브르가 어떤 곳이기에 모네에게 이렇게 중요한 출발점이 되었는지, 지금 그곳에서는 모네를 어떻게 기억하고 있을지 알아보고 싶었다.

나는 구체적으로 두 가지 기대감을 품고 르아브르를 찾았다. 하나는 모네가 인상주의를 대표하는 작품 〈인상, 해돋이〉를 그린 바닷가에서 일출을 보는 것이고, 다른 하나는 모네의 유년시절을 상상하며 그가 살았을 마을을 산책하는 것이다. 결론부터 말하자면, 나의 첫 번째 바람은 이루어지지 않았다. 모네는 당시 묵었던 호텔의 창 너머로 일출을 보고 그렸다고 하는데, 그 호텔은 지금 헐리고 없다. 게다가 항구의 규모가 확대되어 더 이상 예전과 같은 모습의 바다와 일출을 볼 수 없다고 한다. 르아브르 항구는 제2차 세계대전 시절 전략적 요충지였는데, 전쟁 후 대대적인 정비를 거쳐 현대적인 모습으로 바뀌어 있었다. 발길을 돌릴까 하고 살짝 갈등이 일었지만, 마음을 고쳐먹고 일출 시간에 맞춰 호텔을 나섰다.

파리가를 따라 문이 닫힌 상점 거리를 지나 바다 쪽으로 걸었다. 사람들로 북적거리던 낮 시간의 모습은 온데간데없고 고요함만이 거리를 감싸고 있었다. 해안을 따라 걷다보면 해 뜨는 모습을 볼 수 있겠지 하는 막연한 생각만으로 걷다가, 문득 모네는 이 시간에 이젤 앞에 서서 검은 바다를 바라보았을 거라는 생각이 들었다. 모두가 잠들어 있는 이른 새벽, 모네는 왜 하필 이곳에서 일출을 그리고자 했던 것일까? 사실 르아브르는 프랑스 서쪽 해안에 위치해 있어

모네 삶과 예술의 출발점, 르아브르

모네가 유년기를 보낸 르아브르는 동쪽으로 센강이 흐르고 서쪽으로 영국해협에 면해, 한때 프랑스의 가장 중요한 무역항 중 하나였다. 제2차 세계대전 때 폭격을 받아 큰 피해를 입었지만, 오귀스트 페레가 주도한 재건 사업이 전후 도시 계획과 건축의 대표 사례로 평가받으며 유네스코 세계문화유산으로 지정되었다.

〈인상, 해돋이〉 캔버스에 유채, 48×63cm, 1872, 마르모탕모네미술관, 프랑스

1874년에 열린 첫 인상주의 전시에서 저널리스트 루이 르루아로부터 '인상'밖에 없는 그림이라고 혹평을 받으며 인상주의의 시작을 알린 작품이다. 르루아와 달리 초창기부터 인상주의를 지지했던 비평가 테오도르 뒤레는 모네를 가장 뛰어난 인상주의 화가로 평가했다.

서 일출을 보기에 적절한 장소가 아니다.

모네가 〈인상, 해돋이〉를 그린 1872년은 그가 프로이센·프랑스 전쟁을 피해 영국에 다녀온 후였다. 서른두 살의 모네는 이미 한 가족의 가장이었고, 비록 무명이었지만 화가로서 활동하고 있었다. 그리고 바로 지난해에 그의 아버지가 세상을 떠났다. 모네는 아버지에게 그다지 만족스러운 아들이 아니었다. 아버지는 모네가 파리에 유학을 갈 수 있도록 장학금을 알아봐주고 경제적으로 어려울 때 조금이나마 도움을 주기는 했지만, 자신의 반대에도 불구하고 끝내 화가가 되려고 한 그를 탐탁지 않게 여겼다. 게다가 아들이 파리에서 만났다는 카미유를 며느릿감으로 마뜩잖게 생각했으며 끝내 가족으로 인정할 수 없었다.

아버지가 돌아가신 후 모네는 혼자서 르아브르를 찾았다. 유산 정리가 목적이었지만, 다른 한편으로 스스로의 마음도 정리할 필요가 있었을 것이다. 당시는 모네가 동료들과 함께 새로운 미술을 향한 움직임을 조금씩 만들어가면서 현실의 벽에 부딪혀 어려움을 겪던 시기이기도 했다. 훗날 첫 번째 인상주의 전시회로 일컬어지는 1874년의 전시를 위해 함께할 예술가들과 후원자들을 찾고 장소 섭외나 운영에 대한 논의를 하고 있었다. 하지만 생각보다 일이 잘 풀리지 않자, 그는 머리도 식힐 겸 르아브르로 갔다. 그리고 이곳에서 〈인상, 해돋이〉를 그렸다.

그때 모네는 어떤 심경으로 이 그림을 그렸을까? 아버지에 대한 회한 혹은 어린 시절에 대한 그리움은 없었을까? 과거를 이곳에 남겨둔 채 동료들과 만들어나갈 새로운 미래에 대한 희망을 품지는 않았을까? 지금 르아브르 바닷가에서 이렇다 할 답을 찾을 수는 없었다. 다만 모네의 예술 인생에 새로운 막을 열어준 기념비적인 작품을 그가 어린 시절 화가가 되기로 처음 결심했던 르아브르에 와서 그렸다는 상징적 의미를 생각해보았다. 마치 본선 경기를 치르기 위해 다시 출발선에 서서 호흡을 고르는 선수처럼 말이다.

캐리커처를 그리는 소년 오스카

모네는 다섯 살 때인 1845년에 부모님을 따라 르아브르에 왔다. 아버지 아돌프 모네는 파리에서 식료품점을 운영하다가 사업이 어려워지자 가족이 있는 르아브르로 돌아와 선박 관련 판매업을 했다. 르아브르는 마르세유에 이어 프랑스에서 두 번째로 큰 항구도시로, 우리나라로 치면 인천과 비슷할 듯하다. 바다만 건너면 영국이 있는 데다가 대서양과 연결되기 때문에 영국을 비롯한 북유럽이나 미국 등 다른 나라와 교역하기에 좋은 위치에 있다. 게다가 센강 하류에 자리 잡고 있어서 과거에는 르아브르 항구에 들어온 교역선들이 센강을 따라 루앙까지 올라가곤 했다. 그만큼 많은 사람과 물자가 오고 가는 요충지였다. 여기에 철도가 놓이면서 바다를 즐기러 오는 여행자들이 늘어났다. 도시가 정비되고 관광객을 위한 호텔과 카페, 카지노 등이 생기면서 르아브르는 더욱 활기를 띠었다. 덕분에 모네의 가족은 이곳에서 비교적 풍족하게 지냈다. 모네의 부모님은 사교 모임을 즐겼고 집에는 항상 음악이 가득했다.

모네의 흔적을 찾고자 방문한 지금의 르아브르 도심 역시 생기가 넘쳤다. 하얀 원기둥을 변형한 형태의 도서관을 중심으로 남서쪽에는 항구가 있고 북동쪽에는 시청과 주택가가 이어진다. 시청과 항구를 잇는 파리가를 중심으로 성당과 상점이 늘어서 있고, 시청 뒤쪽으로 바다를 내려다볼 수 있는 언덕에 주택들이 자리 잡고 있다. 이러한 도시 구조는 모네가 살던 시절에도 비슷했다고 한다.

모네 역시 르아브르 북쪽 언덕의 주택가에 살았다 해서 그 흔적을 찾아보고자 했다. 생각보다 가파른 언덕을 보고 걱정이 들 즈음, 언덕 위아래를 오가는 모노레일이 보였다. 마침 퇴근 시간이어서 주민들 사이에 섞여 모노레일을 타고 언덕을 올랐다. 차창 밖으로 보이는 조밀한 주택가는 오랫동안 서서히 형성된 듯했지만, 비교적 잘 정비되어 있어 쾌적한 산책로로 안성맞춤이었다. 마지막 정류장인 언덕 끝에 도착한 후 모네의 유년시절을 상상하며 동네를 둘러보았다. 구체적인 목적지가 있었던 것은 아니어서 그저 모네가 걸었을 법한 길을 걸어보자는 생각으로 다니다가 학교로 보이는 크고 네모반듯한 건물을 발견했다. 사전 조사를 했을 때 르아브르에 모네의 이름을 딴 고등학교가 있다는 이야기를 읽은 기억이 났다. 혹시나 하는 마음으로 학생들이 하교를 마친 텅 빈 교정을 이리저리 둘러보다가 건물 입구 위 유리벽에 커다랗게 '클로드 모네'라고 쓰인 것이 눈에 들어왔다.

예상치 못한 발견은 아무리 사소한 것이어도 기쁨을 준다. 건물 벽에 쓰인 '클로드 모네'라는 글자가 마치 소풍 가서 찾은 보물 쪽지 같았다. 더듬더듬 찾아왔지만 먼 과거의 소년 모네가 이곳에서 생활하고 꿈꾸었을 생각을 하니 기분이 묘했다.

어릴 적 모네는 학교에 가는 것을 너무 싫어하는 소년이었다. 교실보다는 바닷가에서 시간을 보냈고, 공부보다는 그림에 소질이 있었다. 그는 아주 어릴 적부터 어떠한 규칙에도 굽힌 적이 없었기 때문에, 학교는 항상 감옥 같았다고 회상한다. 하루에 몇 시간씩 같은 공간에 있는 것은 그에게 고역이었다. 열일곱 살 때 그의 어머니가 세상을 떠나면서 활발한 아이 모네에게 힘든 시간이 찾아온다. 노래를 좋아하고 사교적이던 어머니가 안 계시자 집은 곧 조용해졌다. 이에 고모 마리 잔 르카드르가 모네와 모네의 형을 자신이 사는 생타드레스Sainte-Adresse에 데려가 돌보아주었다. 생타드레스는 르아브르에서 멀지 않은 마을로, 바다에 더 가까웠다. 남편이 모네의 아버지처럼 선박 관련 유통업을 해서 부유했던 르카드르는 이곳에 저택을 가지고 있었다. 훗날 모네는 고모를 보러 자주 생타드레스를 방문하기도 하고 이곳의 아름다운 바다 풍경을 그리기도 했다.

학교 수업을 빠지기 일쑤고 바다를 사랑한 소년은 자신이 좋아하고 재능이 있는 그림에 빠졌다. 모네의 아버지는 이를 탐탁지 않아했지만, 고모가 지지해준 덕에 모네가 화가의 길을 갈 수 있었다. 경제적으로 여유가 있었던 르카드르는 모네에게 많은 관심과 애정을 쏟았다. 그의 재능을 인정하고 다락방을 내주며 그림을 그릴 수 있도록 재정적인 도움을 주었고, 그가 성인이 된 후에도 화가로 자리 잡을 수 있도록 지원했다.

소년 모네는 주변 인물이나 풍경을 스케치하는 것을 좋아했는데, 그저 재미로만 그린 것이 아니라 동네 사람들의 캐리커처를 그려서

클로드모네고등학교

모네가 비록 학교를 열심히 다닌 학생은 아니었지만, 세계적으로 유명해진 졸업생인 그를 기리기 위해 학교 이름을 'Lycée Claude Monet'로 바꾸었다고 한다. 그렇다고 거창한 기념비나 간판을 세운 것이 아니라 모네의 서명을 본뜬 글자를 건물 외벽에 은은하게 새겨둔 것이 멋스러웠다.

팔기도 했다. 간단한 연필 스케치였지만 인물의 개성을 과장하여 표현하고 필요한 경우 세밀하게 묘사하거나 과감히 생략하기도 했다. 그는 일요일마다 항구로 내려가는 길에 있는 화구상에게 자신이 그린 캐리커처를 주었고, 액자에 끼워 진열된 그림은 적지 않게 팔려나갔다. 큰돈은 아니었지만 소년에게 화가로서의 자신감을 심어주기에는 충분했다. 이 당시 가족들이 부르던 모네의 이름이 오스카였기에 그는 'O. Monet'라고 서명했다. 우리에게 익숙한 '클로드'라는 이름이 서명에 사용된 것은 나중에 그가 파리에서 화가로 활동하면서부터다. 더 이상 화가를 꿈꾸던 어린 시절의 자신이 아니라는 의미일 것이다.

그런데 이 화구 상점은 화가인 부댕이 친구와 함께 운영하던 곳이다. 부댕은 우리에게 익숙하지 않은 이름인데, 미술사에서도 그는 모네의 스승으로 더 잘 알려져 있다. 당시 30대 초반이었던 부댕은 자신의 고향인 옹플뢰르Honfleur 근처의 대도시 르아브르에서 화가로 활동하고 있었다. 그는 어린 모네의 재능을 알아보고 함께 그림을 그리러 나갈 것을 제안했다. 부댕과 모네는 화구를 들고 르아브르 북동쪽에 있던 루엘Ruelles 숲으로 갔다. 지금은 루엘 숲 자리에 공원과 건물들이 들어서서, 이곳에서 두 사람의 수업 풍경을 떠올리기가 쉽지 않다. 하지만 당시 부댕이 숲속에 이젤을 세우고 자연을 보면서 그리라고 말했을 때, 모네는 그림에 대해 새롭게 이해하게 되었다고 한다.

1　2

1. 〈레옹 망송의 캐리커처〉 종이에 목탄과 흰 초크, 61×45cm, 1857~1860, 시카고미술관, 미국
2. 〈쥘 디디에의 캐리커처〉 종이에 목탄과 흰 초크, 62×44cm, 1857~1860, 시카고미술관, 미국
모네가 10대 시절에 그린 캐리커처들에서 일찍부터 남달랐던 그의 관찰력과 재능이 엿보인
다. 대상의 몇몇 인상적인 특징을 포착해 여기에 초점을 맞추어 그린다는 점에서 훗날 그가 그
리게 될 인상주의 작품들과의 연관성도 생각해볼 수 있다.

화실 밖으로 나간 화가들

부댕의 가르침 중 모네에게 가장 큰 영향을 미친 것은 '야외'에서 자연을 직접 보면서 그림을 그리라는 것이었다. 지금 우리가 볼 때는 별것 아닌 일처럼 느껴지지만, 당시만 하더라도 대부분의 화가들은 야외에서 그림을 그리지 않았다. 이젤을 들고 밖으로 나간 몇몇 화가들이 있기는 했지만, 그보다는 작은 수첩이나 스케치북을 가지고 나가서 풍광을 간단히 스케치한 후, 화실로 가져와 그림을 완성하는 것이 일반적이었다. 풍경을 그릴 때도 그러했으니 인물은 당연히 실내에서 그렸다. 자연을 배경으로 하는 경우라 하더라도 화실에 모델을 두고 조명을 조절하며 그렸다. 하지만 부댕은 달랐다. 이는 유사한 시기에 장 바티스트 카미유 코로나 장 프랑수아 밀레 등 바르비종파 화가들이 시작한 방식이었다. 그 외에도 네덜란드의 화가 요한 바르톨트 용킨트, 영국의 화가 조지프 말러드 윌리엄 터너와 존 컨스터블도 야외에서 직접 본 풍경을 그리고자 했다. 밀레를 제외하고는 부댕만큼이나 낯선 이름들일 것이다. 그렇지만 역사 속 위대한 업적에는 전조가 되는 단계가 있듯이, 모네라는 작가가 탄생하기에 앞서 그에게 직간접적으로 영향을 준 이들이 있었다.

미술사의 흐름을 보면, 당시 유럽에서는 프랑스혁명 이후 나폴레옹을 지지하며 영웅화하던 신고전주의 회화와 함께, 이에 반발하며 인간의 감정 표현에 더 관심을 둔 낭만주의 회화가 공존했다. 낭만주의는 인간의 희로애락에 대한 풍부한 표현을 특징으로 하는데, 이 가운데에서 신화나 종교 이야기가 아니라 흔히 보는 풍경이나 일상을 예술로 표현하고자 한 사람들이 있었다. 사실주의 운동을 한 귀스타브 쿠르베가 대표적이다. 그는 이전까지 그림의 주인공으로 다루어지지 않은 노동자와 도시 뒤편의 삶에 관심을 두었다. 그것들이야말로 화가뿐 아니라 당대를 살아가는 사람들이 처한 현실이라는 이유에서였다.

이와 유사하게 몇몇 화가들이 바르비종이라는 작은 마을에 모여 농민들의 삶과 자연의 모습을 화폭에 담았다. 더 이상 권력이나 신분에 얽매일 필요 없이 주변의 아름다움을 있는 그대로 받아들이게 된 것이다. 이탈리아 유학에서 돌아와 프랑스 미술 아카데미Académie des Beaux-Arts에서도 인정받은 코로는 본격적으로 퐁텐블로 숲을 그렸다. 기존의 작품들에서처럼 이상화된 것은 아니지만 충분히 아름다운 풍경을 소재로 삼았다. 이어서 밀레, 테오도르 루소, 샤를 프랑수아 도비니, 콩스탕 트루아용, 쥘 뒤프레, 나르시스 디아즈 데 라 페냐 등이 선배의 길을 뒤따랐다. 바르비종 마을에 모여 살았기에 '바르비종의 일곱 별'이라는 낭만적인 이름으로도 불리는 이 작가들은 처음에는 다소 비판을 받았지만 이내 파리 사람들에게 인정을 받고 성공을 거뒀다.

화가들이 야외로 나갈 수 있게 된 것은 튜브 물감의 개발과도 연관이 있다. 이전에는 물감을 사용하려면 직접 재료를 혼합해서 만들어야 했는데, 주로 유리병에 보관했기 때문에 들고 다니기가 쉽지 않았다. 당시 화가들의 삶을 다룬 영화를 보면 커다란 여행 가방을 메듯 등에 짐을 잔뜩 짊어진 모습을 볼 수 있다. 자동차도 대중화되지 않았던 시절에 그 무거운 화구들을 직접 들고 다닌 화가들의

이젤을 들고 야외로 나간 부댕

부댕은 일찌감치 소년 모네의 재능을 알아보고 그가 화가의 길을 걷도록 이끌어준 인물이다.
제자에게 야외에 나가서 그릴 것을 강조한 스승답게 이젤에 우산을 꽂고 바다를 그리는 모습
이 인상적이다.

열정에 찬사를 보내지 않을 수 없다. 하지만 물감이 화학적 방식을 통해 기성품으로 제작되고, 깨지지 않는 금속 재질의 튜브에 담겨 나오면서 작가들이 물감을 가지고 밖으로 나가기가 용이해졌다. 더불어 이젤도 접어서 이동 가능한 형태로 제작되었다. 물론 더욱 간편하고 가볍게 만들어진 지금의 물감이나 이젤에 비하면 턱없이 무거웠지만, 화실에만 갇혀 있던 화가들이 밖으로 나올 수 있게 해준 중요한 발전이었다.

이러한 하드웨어의 발전과 함께 코로 등의 영향을 받은 부댕도 이젤을 들고 밖으로 나갔다. 그리고 부댕에게서 가르침을 받은 모네 역시 자연 그 자체를 화실로 삼았다. 이젤과 화구를 펼치면 거기가 바로 모네의 화실이었고, 시시각각 변하는 햇빛이 곧 조명이었다. 특히 센강을 따라 거처를 옮겼던 만큼 센강 위에 배를 띄워두고 강물의 표면과 주변 풍경을 그림에 담았다. 배 위에 작은 집을 짓고 이젤을 고정하여 '스튜디오 보트'라고 불리는 이동식 화실을 만들기도 했다. 모네는 부댕과 함께하던 시절부터 빛과 하늘, 구름과 바람 같은 자연을 느끼고 사랑하게 되었으며, 이때 배운 스승의 가르침을 평생에 걸쳐 실천했다.

새로운 풍경화를 꿈꾸다

부댕으로부터 화가로서 지향해야 할 중요한 가르침을 받았지만, 그것이 꽃피기에는 아직 모네에게 더 많은 노력과 시간이 필요했던 것 같다. 모네는 학교를 자퇴하고 미술 공부를 하러 파리로 떠났다. 그의 아버지는 경제적인 지원을 거절했고 장학금을 받기 위한 서류 작성 정도에만 도움을 주었다. 반면 고모 르카드르가 재정적인 지원과 함께 바르비종파 중 한 명인 트루아용에게 소개서를 써서 모네가 파리에서 공부할 수 있는 길을 열어주었다.

1859년 4월, 모네는 고모가 써준 소개서를 들고 파리로 향했다. 모네의 소개서와 작품을 본 트루아용은 누드화 그리는 연습을 해야 하니 인물 소묘를 배울 수 있는 아카데미에 등록할 것을 제안한다. 대신 색을 쓰는 방식은 루브르미술관에서 작품들을 보면서 연습을 하되, 가끔 자신에게 와서 검사를 받으라고 했다. 어찌 보면 다소 무책임한 지침일 수 있지만, 당시 미술계의 상황을 반영한 제안이라고도 볼 수 있다. 공식적으로 화가로 인정을 받기 위해서는 프랑스 미술 아카데미에서 주최하는 살롱전에서 수상을 해야 하는데, 그러기 위해서는 인체 소묘를 배워서 누드화를 그릴 줄 알아야 했기 때문이다. 하지만 밀레나 트루아용처럼 자연을 사실적으로 그리던 화가들이 대중적으로 인기를 얻고 있었으니 이에 대한 공부도 필요했다.

그래서 모네는 아카데미 쉬스라는 화실에 나가게 된다. 전직 화가였던 샤를 쉬스가 운영하는 화실로, 한 달에 10프랑을 지불하면 하루에 두 번 서는 모델을 스케치할 수 있었다. 예전에 쿠르베, 코로, 페르디낭 빅토르 외젠 들라크루아 등이 쉬스에게 배우기도 했고, 당시 에콜 데 보자르École des Beaux-Arts 학생들도 저녁에 수업을 들으러 오던 곳이다. 고전적인 방식을 주로 가르치는 이곳에서 모네는 답답함을 느꼈지만, 고모에게 자신이 열심히 공부하고 있음을 알리고 지속적인 지원을 받으려면 어쩔 수 없었다. 오히려 이곳에서 그가 얻은 수확은 쿠르베와 카미유 피사로 같은 든든한 동료들을 만난 것이다. 그런데 아카데미 쉬스에 다닌 지 채 2년도 되지 않아 모네는 군복무를 위해 공부를 중단하게 된다.

당시 프랑스의 징집 제도는 추첨을 통해 군 복무 여부와 기간을 결정했다. 이것을 군 복권이라고 하는데, 모네는 알제리에서 7년 동안이나 복역해야 하는 그다지 좋지 않은 복권에 당첨되었다. 일정 금액의 돈을 내면 군대를 면제받을 수 있어서 모네의 아버지가 대신 지불해주겠다고 했지만, 모네는 이를 거절하고 알제리로 떠났다. 긴 기간을 군대에서 보내야 하는 데다, 당시 군대에서는 실제로 위험한 상황도 많았으니 아버지 입장에서는 아들을 보내고 싶지 않았을 것이다. 하지만 모네는 자신이 화가가 되는 것에 반대했던 아버지의 도움을 받지 않겠다고 생각했던 것 같다. 어쩌면 그것을 빌미로 아버지를 도와 사업을 해야 할지도 모르니 말이다.

결국 모네는 1년 정도 알제리에서 복역하다가 장티푸스에 걸려 가족이 있는 르아브르로 돌아온다. 요양을 하는 동안 고모가 남은 기간에 해당하는 금액을 대신 지불하면서 그의 군 복무는 끝났다. 만약 모네가 알제리에서 7년의 복무를 다 마쳤다면 어떻게 되었을지 궁금해지기도 한다. 적도의 태양이 작열하는 곳에서 오랜 시간을 보냈다면 적어도 그의 그림 속 색채가 달라지지 않았을까? 이국적인 문화를 경험하고 그 영향을 받아 또 다른 작업을 했을지도 모른다.

고향에 돌아와 다시 화가가 되기 위한 길을 모색하던 이 시기에 모네는 용킨트를 만나게 된다. 네덜란드 출신의 용킨트는 모네보다 스무 살이 많았으며 부댕의 스승이기도 했다. 당시 많은 화가들처럼 그도 파리 몽마르트르에서 화가의 꿈을 키우다가, 알코올중독으로 나빠진 건강을 돌보기 위해 노르망디 지역에 와 있었다. 주로 바다를 그리던 풍경화가인 용킨트는 모네에게 17세기부터 형성된 네덜란드의 해양 풍경화에 대한 이야기를 들려주었다. 네덜란드는 구교를 믿는 다른 유럽 강대국들과 다르게 종교개혁으로 등장한 신교도들이 세운 상업 국가다. 해양을 중심으로 상업이 발달한 네덜란드에서는 바니타스 정물화와 함께 해양 풍경화가 유행했다.

용킨트와 부댕과 모네, 스승과 제자 사이인 이들은 옹플뢰르와 르아브르 등지의 노르망디 해안에서 함께 그림을 그리며 예술에 대한 생각을 나눴다. 노르망디 해안을 소재로 한 이들의 크고 작은 작품들을 옹플뢰르에 있는 외젠부댕박물관 Musée Eugène Boudin에서 만날 수 있다. 옹플뢰르는 르아브르에서 차로 30분 정도 거리에 위치한 바닷가 마을로, 센강 하구에서 북쪽이 르아브르고 남쪽이 옹플뢰르다. 바다와 센강이 만나는 곳에 놓인 노르망디다리를 건너면 바로 르아브르에서 옹플뢰르에 닿는다. 옹플뢰르에서 사람들로 가장 북적이는 항구는 중세 시대부터 배가 정박했던 곳이다. 배가 들어오면 시장이 서고 어부를 상대로 한 상점이나 여행객을 위한 여관 등이 성업했다. 지금도 오래된 목조건물들이 작은 항구를 에워싸듯이 들어서 있어 시간이 멈춘 듯한 분위기를 낸다.

당시 모네는 옹플뢰르에서 볼 수 있는 노르망디 지역 특유의 목

시간이 멈춘 듯한 옹플뢰르 항구

프랑스인뿐만 아니라 세계 각국에서 온 관광객들이 항구와 레스토랑을 오간다는 점만 달라졌을 뿐, 옹플뢰르는 여전히 중세의 모습을 간직한 작은 어촌이다. 과거와 현재가 공존하는 이곳에서 모네가 부댕, 용킨트와 함께 풍경화를 그리던 모습을 어렵지 않게 떠올려볼 수 있었다.

외젠부댕박물관

옹플뢰르 출신의 화가인 외젠 부댕의 이름을 딴 박물관으로, 부댕뿐 아니라 모네와 용킨트와 쿠르베 등 인상주의 화가들의 작품을 볼 수 있다. 근처에 작곡가 에릭 사티의 생가를 개조한 박물관이 있어 함께 둘러보면 좋다.

조건물과 좁은 골목, 마을 중심에 있는 생트카트린성당Église Sainte-Catherine을 화폭에 담았다. 15세기에 백년전쟁 종전을 기념해 지어진 생트카트린성당과 그 앞 광장은 모두 오랜 역사를 간직하고 있다. 모네의 직접적인 흔적을 볼 수는 없어도 그때도 지금과 유사한 분위기이지 않았을까 싶다. 생트카트린성당과 항구를 중심으로 구시가의 작은 골목들이 연결되는데, 그 사이사이에 갤러리들이 자리 잡고 있다. 중세풍의 도시 분위기에서 연상할 수 있는 풍경화나 인물화 같은 고전적인 사실화뿐만 아니라 추상화와 팝아트, 이국적인 아프리카 예술품까지 그 다양한 면모가 놀라웠다. 옹플뢰르가 19세기부터 화가들이 들르던 예술의 도시였다는 것을 실감할 수 있었다. 더욱이 그저 과거의 모습에서 멈춘 것이 아니라, 옛것을 고쳐서 현대적인 예술로 발전시켜나가고 있었다.

외젠부댕박물관은 낡은 여자 수도원을 개조해 현대적으로 증축한 건물이다. 따라서 1층 입구는 상대적으로 좁은 반면 2층 전시실부터는 다양한 작품을 감상할 수 있는 넓은 공간이 펼쳐진다. 박물관 이름에서 알 수 있듯이 부댕의 작품이 주를 이루지만, 옹플뢰르를 비롯한 노르망디 해안을 그린 용킨트 같은 작가들의 작품도 전시되어 있다. 시인이자 비평가인 샤를 피에르 보들레르가 친구인 부댕의 화실을 방문했을 때, 바다와 하늘 풍경을 그린 습작마다 그린 당시의 날짜와 시간과 풍향 등이 적혀 있었다고 회고한 바 있다. 실제로 박물관에 소장된 부댕의 파스텔 스케치들을 보면, 마치 연구라도 하듯이 다양한 구름과 파도, 해안가에 선 사람들의 모습이 그려져 있다.

1. **외젠 부댕**, 〈**트루빌 해변**〉 캔버스에 유채, 22.5×36.5cm, 1869, 세인트루이스미술관, 미국

2. **요한 바르톨트 용킨트**, 〈**옹플뢰르 항구 입구**〉 캔버스에 유채, 33×43cm, 1864, 개인 소장

부댕과 용킨트는 모네에게 변화무쌍한 자연을 그림으로 표현하는 방법을 가르쳐준 스승들이다. 부댕은 트루빌 해변에 놀러 온 도시인들의 모습을 높은 하늘과 구름, 바다의 파도, 모래사장에 드리워진 햇볕과 함께 눈부시게 표현했다. 용킨트는 네덜란드의 해양 풍경화 전통을 이으면서 날씨에 따라 변하는 하늘과 구름의 모습을 화폭에 담았다.

〈옹플뢰르의 배들〉 캔버스에 유채, 1866, 개인 소장

옹플뢰르의 바닷가, 항구에 오고 가는 배들, 마을의 성당 등은 모네에게 그림 그리기에 좋은
소재였다. 그는 특히 항구에서 배와 부두의 그림자가 수면 위에 어른거리는 모습을 포착했다.

부댕과 용킨트와 함께 자주 옹플뢰르를 방문하던 시기, 모네도 바다 풍경을 본격적으로 그리기 시작했다. 스승 부댕이 이젤에 우산을 달고 바닷가에서 그림을 그렸듯이 모네도 그와 함께 자연을 직접 바라보며 그렸다. 다시 파리로 돌아간 후에도 부댕의 수업 방식은 모네에게 깊은 영향을 미쳤다. 파리 화실에 다니고 루브르미술관에서 거장들의 작품을 보는 중간에도 그는 친구들과 종종 파리 근교에 나가서 그림을 그렸고, 화가로 성공한 이후에도 부댕의 가르침을 지켜나갔다.

한 아이가 태어나 자라면서 자신의 인생을 결정하는 과정은 그리 순탄하지만은 않다. 어릴 적부터 천재적인 능력을 가졌다 하더라도 여러 요인들에 의해 쉽사리 흔들릴 수 있으니 말이다. 그런 점에서 모네는 비교적 순탄하게 화가가 되는 길로 나아간 셈이다. 이는 소년 모네의 재능을 알아봐준 스승 부댕과, 조카에게 꿈을 이루기 위한 외적인 요건들을 마련해준 고모가 있었기 때문일 것이다. 덕분에 화가가 되겠다는 목표를 세운 모네는 스무 살 성인이 되어 더 넓은 무대인 파리에서 자신만의 길을 만들어갈 수 있었다. 어둠 속에서 빛이 새어나오는 여명의 시간처럼, 이제 모네의 인생에 놓일 길의 윤곽이 조금씩 보이기 시작했다.

마르모탕모네미술관

모네의 작품을 만나기 위해 파리를 찾는 사람들이 꼭 들르는 곳이 오르세미술관과 오랑주리미술관이다. 이 두 곳만 제대로 본다고 하더라도 최소한 이틀은 걸린다. 그런데 모네의 작품이 전시된 중요한 장소가 파리에 한 곳 더 있다. 센강 유역의 오르세와 오랑주리가 파리의 중심에 있다면, 또 다른 곳인 마르모탕모네미술관Musée Marmottan Monet은 파리 외곽, 불로뉴 숲 근처에 있다. 이 지역은 예로부터 귀족이나 부유한 사람들이 살던 동네로, 지금도 한적한 주택가와 공원이 있고 파리 중심에 비해서 현대적인 건물이 많이 들어선 조용한 곳이다. 그래서 다른 두 곳에 비해 관광객의 발길이 적은 편이다.

본래 이 미술관은 폴 마르모탕이 인상주의 작품을 포함해 자신의 가문이 소장하고 있던 컬렉션들을 건물과 함께 프랑스 미술 아카데미에 기증하여 설립되었다. 이후 모네의 둘째 아들인 미셸 모네가 자신이 물려받은 아버지의 작품을 이곳에 기증하면서 미술관 이름에 모네가 들어가게 되었다. 덕분에 현재 마르모탕모네미술관은 세계에서 가장 많은 모네의 작품을 소장한 곳으로 이름을 떨치고 있다. 오르세미술관과 오랑주리미술관에서 보지 못한 모네의 작품 세계를 볼 수 있는 곳이기도 하다. 특히 인상주의의 시작을 알린 대표작 〈인상, 해돋이〉를 직접 확인하고 싶다면 이곳을 빠뜨리지 말아야 한다.

일출

미래를 향해 달리는 도시와 화가들

산책자의 도시, 모던 파리

파리 태생인 모네가 스무 살에 화가의 꿈을 안고 다시 파리에 왔을 때, 이 도시는 무질서한 중세 도시에서 현대 도시로 크게 탈바꿈하고 있었다. 여기서 말하는 '현대'의 원어는 'modern'이다. 21세기가 된 현재와 구분하기 위해 '근대'라는 말을 쓰지만, 당시 '모던'은 '최신' '현대'라는 의미를 가진 단어였다. 다시 말해 파리 시민들은 과거와 다른 모던, 새로운 현대를 맞을 준비를 하고 있었다. 나폴레옹 3세의 전폭적인 지원을 등에 업은 조르주외젠 오스만 남작은 기존의 도시를 완전히 갈아엎고 기차역과 기념비적인 건물을 중심으로 한 방사형 구조의 계획도시를 만들었다. 요즘의 시각으로 보면 도시 전체를 재개발한 것이다. 상하수도 시설을 지하로 연결하자 비만 오면 오물로 뒤덮이던 거리가 깨끗해졌다. 덕분에 비 오는 날 우산을 쓰고 거리를 걸을 수 있게 되었다. 큰 도로를 중심으로 대중교통도 발달했다. 파리지앵들은 300여 대의 합승 마차를 타고 도시 곳곳을 손쉽게 이동할 수 있었다.

그런데 도로가 넓어지자 오히려 걸어 다니기는 쉽지 않았다. 그래서 유리와 철골로 건물과 건물 사이를 연결하여 지붕을 만든 파사주passage가 등장했다. 지금도 파리 구도심에 가면 이런 파사주를 쉽게 찾아볼 수 있다. 유리 지붕 덕분에 낮에는 빛이 들어오면서도 적당한 그늘이 형성되었고, 비가 올 때에도 다니기 좋았다. 이렇게 걷기 편한 거리가 되다 보니 파사주 양 옆으로 자연스레 상점들이 들어섰다.

오스만 프로젝트 시기에 파리에서 활동했던 시인 보들레르와 소설가 마르셀 프루스트 등의 글을 분석한 독일의 철학자 발터 베냐민은 파사주 덕분에 파리가 산책자들의 도시가 되었다고 말한다. 여기서 산책자는 아름다운 정원이나 공원, 시골길을 한가로이 산보하는 사람이 아니라, 도시를 정처 없이 돌아다니는 사람을 의미한다. 아스팔트가 깔리고 가스등이 세워진 거리를 발길 닿는 대로 걸으면, 매 순간 도시의 예측할 수 없는 다양한 이미지들이 마치 책 속의 삽화처럼 눈앞에 펼쳐진다. 베냐민은 로마 같은 고대 도시와 달리 파리가 현대적인 도시이기에 이것이 가능하다고 했다. 그렇게 산책자는 도시 풍경에 대한 관찰자가 된다. 원한다면 어떤 상황이든 개입하지 않고 그저 무심하게 바라보며 지나칠 수 있다. 지금은 너무나도 당연하게 여겨지는 이런 도시 산책이 바로 19세기 중후반 파리에서 시작되었다.

19세기 말 파리에서 몇 차례 열린 만국박람회는 당시 프랑스인들이 이 도시에 대해 가졌던 큰 자부심을 보여준다. 프랑스인들은 박

19세기 파리의 파사주

파사주는 프랑스대혁명 직후부터 파리 곳곳에 생겨나기 시작해서 19세기 중반에 이르면 다른 대도시로도 확산되며 시민들의 일상 속으로 파고든다. 20세기 초의 문예비평가 베냐민은 통로를 따라 양 옆으로 늘어선 상점들이 소비자를 유혹하는 파사주에서 자본주의 시대의 원체험을 발견했다.

'갈르리 비비안느' 파사주의 현재 모습

람회를 통해 자신들의 우수한 기술과 문화를 세계 각국의 문화와 함께 선보이고 뽐냈다. 우리가 잘 아는 에펠탑이 1889년 만국박람회에 맞춰 세워졌고, 조각가 프랑수아 오귀스트 르네 로댕이 〈지옥의 문〉을 처음 선보인 것도 이 박람회에서였다.

경제 상황이 좋아지면서 문화를 향유하고자 하는 욕구도 커졌다. 프랑스혁명으로 인해 주춤했던 산업 발달이 가속화되었고, 새롭게 등장한 부르주아가 경제력을 가지면서 본격적인 자본주의 시장경제 체제가 들어섰다. 이들은 새롭게 정비된 도시에서 신축된 건물에 살며 집을 꾸미고 부를 과시하기 위해 쇼핑과 사교 모임을 즐겼다. 특히 매해 5월에 열리는 살롱전은 친목을 도모하고 교양을 과시하려는 부르주아들에게 좋은 구경거리였다. 샹젤리제에 위치한 산업전시장 안의 스물네 개가 넘는 전시장들이 작품들로 가득 찼고 3,000명이 넘는 관람객이 모여들어 길게 줄을 서기도 했다. 살롱전에서 호평을 받은 작가의 작품은 그 자리에서 판매되고 이후에도 부르주아들에게서 주문이 들어왔다. 하지만 살롱전의 심사를 할 수 있는 자격은 프랑스 미술 아카데미 회원들이나 에콜 데 보자르와 관계가 있는 사람들에게만 부여되었다. 그러다 보니 심사 기준이 시대착오적이었다. 시대가 바뀌었음에도 불구하고 그들은 여전히 신화나 종교, 역사적 영웅주의에 높은 가치를 두었다.

예술계 내부에서 이런 보수적이고 고루한 기준에 대한 많은 불만이 제기되었다. 스승이 제자를 당선시키거나 연줄을 통해 출품하는 경우가 생기면서 정치적인 문제도 불거졌다. 무엇보다 살롱은 급격하게 변화하는 사회를 받아들이지 못했다. 파리의 모습은 불과 몇 년 만에 현대화되었고 도시 곳곳에서 새로운 여가와 유흥이 대두했다. 프랑스 전역에서 사람들이 고향을 등지고 파리로 향했는데, 이들은 종종 기차를 타고 답답한 도시를 벗어나 고향에 대한 향수와 자연에 대한 갈증을 달래기도 했다. 달라진 생활 방식이 새로운 미감을 형성했고 이에 걸맞은 현대화된 예술이 필요해졌다.

그러던 중 사회적 변화로 새로이 부와 권력을 잡게 된 계층들에 의해 미술 시장이 새롭게 형성되기 시작했다. 작품 거래가 이전보다 다양한 방식으로 활발히 이루어졌는데, 그중에는 작가 스스로 전시회를 열거나 화상이 단체전을 열어 직접 사람들에게 작품을 파는 방식이 있었다. 이는 기존의 살롱전에 대한 대항이자 아카데미가 가졌던 통제권을 거부하는 것이기도 했다. 그러면서 예술가들은 자연스럽게 자신만의 목소리, 자신만의 예술이 무엇인지를 더욱 진지하게 고민하게 되었다. 더 이상 과거의 걸작에 연연할 필요가 없었다. 그보다는 급격하게 변화하는 주변을 돌아보는 것 자체가 새로운 시도였다.

옛것에 얽매이지 않고 급변하는 현재를 들여다보는 것, 이것이 바로 19세기 젊은 예술가들이 추구한 것이다. 그리고 그 중심에 모네를 비롯하여 이후 인상주의자라고 불리게 되는 화가들이 있었다. 이들은 19세기 파리의 삶을 각자의 개성을 살려 표현한 '도시의 화가들'이다. 혹자는 반문할지도 모른다. 모네가 주로 그린 것은 자연이 아니냐고 말이다. 하지만 모네의 발걸음이 닿았던, 소위 '모네의 화실들'은 파리지앵들이 기차를 타고 나가 여가를 즐기던 확장된 파리라고 볼 수 있다.

모네는 여행자로서 파리 근교와 노르망디 지역을 방문했다. 이는 머무는 지역의 사람들과 함께 생활하며 작업했던 바르비종파 화가들의 경우와 다르다. 밀레 같은 화가들이 현지인의 생활상을 그렸다면, 모네는 관광객의 입장에서 바라본 바다와 들판을 그렸다. 방사형으로 계획된 도시 파리에서는 느끼지 못하던 자연의 자유로움과 아름다움을 그림으로 표현했다. 현지인에게는 익숙한 풍경이 외부인의 관점에서는 새롭고 멋지게 보일 때가 있다. 모네의 작품들은 그가 외부인이기에 포착할 수 있는 순간들을 담은 것이다.

이렇듯 변화된 도시 풍경을 즐기고, 휴일에 기차를 타고 근교에 나가 시간을 보내는 파리지앵 중에는 스스로를 일반 대중보다 지적이고 품위 있다고 여기는 사람들이 있었다. '댄디'라고 불리는 이들은 적어도 겉으로는 돈을 좇거나 조급하게 움직이기보다는 여유 있는 태도로 스스로의 가치를 믿는 사람들이었다. 보들레르는 자신의 에세이에서 댄디에 대해 "부유하고 한가로우며, 또 모든 일에 무관심하기까지 하여 행복을 추구하는 것 말고는 다른 관심이 없는 사람, 부유하게 자라나서 젊은 시절부터 다른 사람들을 복종시키는 데 익숙한 사람, 그리고 우아함 외에는 다른 직업이 없는 사람은, 항상 어느 시대에도 완전히 품위 있는 자기만의 외모를 가지고 있다"(『보들레르의 현대 생활의 화가』, 70쪽)라고 설명한다. 아마 쉽게 상상이 될 것이다. 훌륭한 재단사가 만든 양복을 입고 우아한 몸짓과 나긋한 목소리로 상대방을 제압하는 신사 말이다. 그러나 댄디의 특징은 겉모습만이 아니라 정신적인 태도에서도 드러난다. 그들은 스스로를 무지한 대중과 천박한 부르주아와 구별 지으면서 정신적 귀

〈카퓌신 대로〉 캔버스에 유채, 59×79cm, 1873~1874, 넬슨앳킨스미술관, 미국
모네가 친구인 사진작가 펠릭스 나다르의 작업실에서 내려다본 거리 풍경을 그린 것이다. 널찍하게 정비된 도로와 그 옆으로 늘어선 건물들, 거리를 메운 인파와 마차들에서 당시 파리의 분위기를 느낄 수 있다.

족주의를 지향했다.

이렇듯 당시 분위기와 댄디에 대한 설명을 길게 한 데에는 이유가 있다. 바로 모네가 그 시대의 댄디였기 때문이다. 그는 방세를 내기 힘들던 시절에도 집안일을 돌봐줄 하녀를 고용했고, 자신이 입을 양복은 반드시 파리에서 맞췄다. 일설에 의하면, 그가 양복 값을 지불할 능력이 없게 되자 수준 높은 예술가인 자신이 그 양복을 입어주는 것이 얼마나 가치 있는 일인지를 들어 재단사를 설득했다고 한다. 일견 뻔뻔해 보이기도 하지만, 돈에 연연하지 않고 자긍심을 유지하는 댄디로서 모네의 태도를 엿볼 수 있다. 그가 늘 캔버스를 들고 파리 근교의 자연을 찾아다녔음에도 그의 내면은 그 누구보다 파리지앵의 면모를 지녔다고 할 수 있다.

앙팡 테리블들의 우정

모네가 살던 시절의 파리는 미술의 중심지였다. 프랑스의 엑상프로방스 출신인 폴 세잔, 남프랑스 알비에서 올라온 앙리 드 툴루즈 로트레크를 비롯해, 네덜란드에서 온 빈센트 반 고흐, 이탈리아에서 온 아메데오 모딜리아니, 스페인에서 온 미술 영재 파블로 피카소, 미국에서 온 제임스 애벗 맥닐 휘슬러도 있었다. 이렇게 프랑스 전역, 더 나아가 세계 각국에서 온 화가들에게 파리는 천국이었다. 비록 몽마르트르 언덕이나 몽파르나스 지역의 허름한 공간에서 잘 먹지도 못하면서 지냈지만, 이곳에 모인 미술가들이 서로를 의지하며 자신만의 예술을 만들어나가기 위해 노력했다는 점은 익히 잘 알려져 있다.

우리나라에서도 자식을 서울로 보내야 한다는 고정관념이 있었 듯이, 당시 프랑스도 다르지 않았다. 모네 역시 화가가 되기 위해 스승 부댕의 추천과 고모 르카드르의 도움으로 파리에 가게 되었 다. 모네는 파리의 라피트Laffitte 거리에서 태어났지만, 다시 이 도시 에 왔을 때에는 아는 사람 하나 없었다. 고모가 쥐여준 추천서를 들 고 파리에 도착한 그가 처음 지낸 곳은 몽마르트르 언덕 옆 피갈 광 장Place Pigalle이 보이는 곳이었다. 이곳은 젊은 화가들이 머물던 지역 으로, 고모가 소개해둔 아카데미 쉬스와도 가까웠다.

모네는 피갈 광장 근처 몽마르트르에 올라가는 길에 있는 브라 스리 데 마르티르Brasserie des Martyrs에 자주 들르곤 했다. 편하게 먹고 마실 수 있는 이 카페 겸 레스토랑에는 보들레르와 쿠르베를 포함 해 시인, 화가, 조각가, 음악가 등이 모여들었다. 누가 치는지 모르 는 피아노 소리에 맞춰 노래를 부르거나 구석에서 춤을 추기도 하 며 서로 어울려 웃고 떠들어댔다. 발밑을 기어가는 쥐 따위는 개의 치 않았다. 주머니가 넉넉하지 않아도 자신의 예술에 관해 마음껏 이야기할 수 있고 다른 이의 이야기를 들을 수도 있는 곳이었다.

지금도 몽마르트르 언덕과 피갈 광장은 젊은이들로 북적인다. 몽 마르트르에 가려면 대개 앙베르역에서 올라가지만, 한 정거장 전 인 피갈역에서 걸어도 그리 멀지 않기에 모네의 발자취를 따라가볼 겸 피갈역에서 내렸다. 역에서 나오면 바로 보이는 피갈 광장은 아 이들을 위한 작은 회전목마도 있고 식당과 영화관도 있어서 친구나

몽마르트르 언덕

모네부터 고흐, 피카소까지 수많은 예술가들이 이곳에 모여 살며 창작 활동을 펼쳤다. 관광지 느낌이 물씬 풍기는 지금의 몽마르트르에서 예전 같은 보헤미안적 분위기를 느끼기는 어렵지만, 언덕 꼭대기의 테르트르 광장에 가면 여전히 초상화를 그리는 무명 화가들이 있다.

가족과 시간을 보내기 좋은 장소였다. 모네도 이 들썩임을 느끼며 광장을 가로질러 몽마르트르 언덕으로 올라가지 않았을까? 몽마르트르에는 지금도 작은 화실이나 공방, 식당, 카페 등이 언덕을 따라 즐비해서 골목 구석구석을 구경하며 올라가는 맛이 있다. 특히 관광객이 조금 적은 골목에는 예술가들이 그려놓은 솜씨 좋은 벽화들이 있어서 발길을 멈추게 된다.

그렇게 길을 따라가다 보면 언덕 꼭대기에 있는 사크레쾨르대성당Basilique du Sacré-Cœur에 다다른다. 파리가 평지이다 보니, 몽마르트르가 그리 높지 않음에도 사크레쾨르대성당 앞에 서면 파리 전역을 조망해볼 수 있다. 이 성당은 프랑스가 프로이센과의 전쟁에서 패한 후 실의에 빠져 있던 국민들의 사기 진작을 위해 짓기 시작해 1910년에야 완성했으므로 모네가 몽마르트르에서 화가의 꿈을 키우던 시절에는 없었다.

군 복무 때문에 1년 6개월 정도 파리를 떠나 있다가 다시 돌아온 모네는 샤를 글레르의 화실에 들어간다. 그가 아카데미 쉬스에 돌아가기를 거부하자 고모 르카르드가 자신의 또 다른 친구에게 연락해 글레르에게서 배울 수 있도록 추천서를 얻는다. 하지만 글레르 역시 미술 아카데미 회원으로서 고전적인 형식을 따르는 화가였다. 다시 말해, 나폴레옹 시절 정치인들을 영웅화하던 신고전주의 화가 자크 루이 다비드의 전통을 답습했고, 화실 분위기 역시 학구적이었다. 모네에게는 이전보다 더 답답한 환경이었다. 그래도 자신을 믿고 지원해준 고모와의 약속이 있었기에 이곳에 적을 두고 있을 수밖에 없었다. 글레르의 화실은 늘 학생들로 붐빌 정도로 인기

사크레퀘르대성당

가 높았으니, 고모를 설득하기가 더욱 쉽지 않았다.

대신 모네는 파리에서 만난 친구들과 함께 수업을 빠지고 파리 외곽으로 나가 그림을 그리곤 했다. 앞서 아카데미 쉬스에서 피사로와 쿠르베를 만났다면, 글레르의 화실에서는 피에르 오귀스트 르누아르, 알프레드 시슬레 그리고 모네를 물심양면으로 도와준 장 프레데리크 바지유를 만나게 된다. 비록 파리에서 부댕을 능가할 만한 스승을 만나지는 못했지만 미래를 함께할 동료들을 얻은 것은 모네의 작품 활동에 큰 원동력이 되었다. 이들이 함께 만들어나간 예술이 미술사에 큰 획을 그었으니, 지금 와서 보면 이 젊은 반항아들의 행보가 자못 감사하기까지 하다.

어찌 보면 모네가 고모의 그늘에서 벗어나 자신의 길을 갈 수 있었던 것은 친구 바지유의 덕이 컸다. 바지유는 다른 젊은 화가들에 비해 상대적으로 부유했다. 그의 아버지는 몽펠리에에서 포도밭을 소유한 사업가이자 유명 인사였다. 그는 아들이 의사가 되기를 바라는 마음으로 파리 유학을 전폭적으로 지지했다. 하지만 바지유는 아버지의 바람과 달리 지원받은 돈으로 의학 공부를 하는 동시에 글레르의 화실에서 수업을 들으며 전도가 유망한 화가들의 작품을 구입했다. 이 유망한 화가들이란 바로 모네와 함께 그림을 그리던 친구들이었다. 바지유는 매년 의사 자격시험을 보았지만 낙방했고, 다음 해에는 꼭 합격할 거라고 말하며 부모님께 경제적 지원을 요청했다. 결국 아버지의 노여움을 샀지만, 아들이 안쓰러웠던 어머니 덕에 바지유는 비교적 넓은 작업실에서 배고픈 친구들의 숙식을 해결해주었다. 바지유의 부모 입장에서는 속이 터지는 일이겠지만, 덕분에 노르망디 바닷가 출신의 가난한 화가 지망생 모네가 독립적으로 자신만의 예술 세계를 만들어갈 수 있었다.

그 자신 역시 능력 있는 화가였던 바지유는 동료들과 새로운 미술을 만들어가고자 하는 강한 열망을 갖고 있었다. 그는 거대한 이념이나 이상이 아니라 일상의 소소한 모습들을 화폭에 담는 것이야말로 화가로서 자신이 할 일이라 생각했고, 친구인 르누아르와 모네 등에게 함께 그룹을 만들어 활동하자고 제안했다. 그렇지 않아도 실내에서 고전적인 인물 묘사만 하는 것에 염증을 느끼던 모네는 바지유, 르누아르, 피사로 등과 함께 코로와 밀레 같은 바르비종파 화가들이 그림을 그리던 퐁텐블로 숲으로 나가고는 했다. 바지유와는 부댕이 있는 옹플뢰르에 머무르며 바다 풍경을 그리기도 했다. 그래서 1863년경부터 모네는 파리를 떠나 있을 때가 더 많았다.

모네와 바지유의 관계는 말썽꾸러기 동생과 그가 벌인 일을 수습해주는 형 같았다. 두 사람과 관련된 일화가 여럿 전해지는데, 한번은 바지유가 퐁텐블로 숲에서 모네의 작업을 도와주다가 가족과 여행 약속이 잡혀 떠난 적이 있다. 혼자 남겨진 모네는 숲 근처로 그림을 그리러 갔다가 주변에서 원반던지기를 하던 사람들이 던진 구리 원반에 맞아 심각한 부상을 입게 된다. 결국 모네는 의학 지식이 있던 바지유에게 도움을 구했고, 바지유는 가족 여행을 미루고 모네를 도우러 한달음에 달려왔다. 다리가 심하게 부어서 움직이면 안 되는 상태였던 모네를 위해 바지유는 한 가지 임시방편을 고안해냈다. 높이 쌓은 이불 위에 모네의 다리를 올려 움직이지 못하게 하고, 그 위에 매단 물동이에서 물이 조금씩 다리로 떨어져 시원함을 느

장 프레데리크 바지유, 〈즉석 야전병원〉 캔버스에 유채, 47×65cm, 1865, 오르세미술관, 프랑스
바지유가 다친 모네를 간호하면서 그의 모습을 기록하듯이 남긴 그림이다. 그는 벽지의 꽃무
늬, 커튼이 드리워진 형태, 이불의 굴곡과 무늬 등을 빠른 터치로 표현하면서도 실내로 들어
오는 빛과 이로 인해 생긴 그림자를 사실적으로 담아냈다. 바지유 자신이 매달아 놓은 물동이
와 침대 앞에 놓인 양철통이 세밀하게 묘사되어 현장감을 높인다.

낄 수 있도록 했다. 이때 잔뜩 심통이 난 모네의 모습이 바지유가 그린 그림으로 남아 있다. 일상의 모습을 그린다는 바지유의 예술적 신념과 모네에 대한 우정이 만난 이 그림은 당시 상황을 보여주는 증거 사진처럼 생생하다.

모네는 파리에서 쿠르베, 피사로, 르누아르, 시슬레, 에드가르 드가 그리고 바지유 등 스승이 아닌 동료들을 얻었다. 이들은 사회적 명성이 높은 기성 작가에게 인정을 받거나 에콜 데 보자르 같은 학교에 들어가는 것에는 관심이 없었다. 오히려 돈을 내고 배우러 갔던 선생에게 실망했고, 그들의 꽉 막힌 사고에서 벗어나고 싶어 했다. 새로운 미술에 목말라 있는 만큼 이 젊은 화가들 사이의 소통은 더욱 활발했다. 함께 그림을 그리러 갈 장소를 물색하고 경제적 도움을 주고받으며 이들은 서로에게 진정한 버팀목이 되었다.

〈풀밭 위의 점심〉, 마네를 따르다

1863년에 모네와 바지유, 르누아르, 시슬레는 퐁텐블로 숲 근처 마을들을 돌아다니면서 숙식을 해결하고 숲과 주민들의 모습을 그렸다. 글레르의 화실에서 배웠던 경직된 화풍이 아니라 자연에서 영감을 얻은 빛과 색, 분위기와 생기를 담고자 했다. 이들은 여느 화가들과 마찬가지로 그해 살롱전에 출품했지만, 르누아르만 당선되고 나머지는 낙선했다. 훗날 르누아르는 이때 뽑힌 작품이 너무 싫어서 훼손했다고 하는데, 친구들의 눈에는 그의 성공이 그저 부럽

기만 했을 것이다.

그런데 여느 때보다 많은 사람들이 이 살롱전에 강하게 불만을 제기했다. 대개 1,200명 정도의 작가들이 당선되었던 예년에 비해, 이 해에는 1,000명에 못 미치는 비교적 적은 숫자가 뽑혔고 그나마도 이미 유명한 화가들이 대부분이었기 때문이다. 살롱전이 작품을 팔 수 있는 유일한 창구였기에, 여기에 뽑히지 못한 많은 화가들이 좌절했다. 게다가 1863년은 선거가 열리는 해였다. 예술계의 불만이 거세지자 결국 나폴레옹 3세가 살롱전이 열리고 난 2주 뒤인 5월 17일에 낙선작들을 모아 전시를 열기로 했다.

낙선전을 기획한 의도는 아카데미 회원이 아닌 일반 대중들에게 심사를 맡긴다는 민주적 이미지를 심어주는 것이었다. 낙선전은 살롱전과 가까운 곳에서 열렸고 예년의 살롱전보다 훨씬 많은 7만 명 이상의 관람객이 다녀갔다. 1년에 한 번 국가에서 인정하는 훌륭한 화가들의 작품을 볼 수 있는 자리가 살롱전이라면, 낙선전은 다른 때에 일반인들이 쉽게 접할 수 없는 작품들을 전시했으니 진귀한 구경거리였을 것이다. 관람객들은 낙선전 작품들의 흠집을 잡는 데 신이 났다. 살롱전에 걸린 작품보다 공식적으로 수준이 낮은 작품으로 여겨졌으니 그럴 만도 하다. 그런데 그 와중에도 유독 사람들의 관심을 끄는 작품이 있었다. 사람들은 이 그림이 너무 외설적이며 모욕적이라고 입을 모았다. 그것은 바로 에두아르 마네의 〈풀밭 위의 점심〉이었다.

작품의 전체적인 구성은 당시 파리지앵들이 근교의 숲이나 들에서 소풍을 즐기던 모습과 유사하지만, 그림 속 한 여인은 목욕을 하고 또 다른 여인은 나신인 채로 앉아 정면을 응시하고 있는 것이 문제였다. 요즘으로 치면 한강 공원에 놀러간 젊은이들 중 두 여성이 옷을 다 벗고 당당히 앉아 있는 것과 같다. 당시 누드화는 신화처럼 현실과 동떨어진 세계를 표현할 경우에만 허용하는 것이 암묵적인 관습이었다. 마네가 사회 문제를 고발하려는 의도를 갖고 있었던 것은 아니었다. 그는 단지 주변의 현실을 그림에 담아야 한다고 생각했고, 이를 고전적인 작품의 구성을 차용하여 표현함으로써 현대성과 고전적 특성을 모두 갖출 수 있다고 여겼을 뿐이다.

그런데 문제가 된 것은 작품의 소재만이 아니었다. 당시 프랑스 미술 아카데미에서 추구하던 고전적인 회화는 부드러운 빛에 의한 매끄러운 피부색과 붓질이 보이지 않을 정도로 섬세한 음영, 사실적인 묘사를 중시했다. 하지만 마네의 작품에서는 태양광이 정면에서 비추어 여성의 살갗이 하얗고 평면적으로 드러났고, 인물과 배경이 부드럽고 서정적인 분위기보다는 날것 그대로의 생생한 장면처럼 묘사되었다. 그러니 아카데미즘적인 회화에 익숙한 사람들의 눈에는 그림의 기본도 되어 있지 않은 괴팍한 화가의 작품으로 보였다. 이 작품을 둘러싼 소음이 너무 시끄러워지자 나폴레옹 3세도 전시장을 찾았고, 이후 두 번 다시 낙선전을 열지 않았다고 한다.

일종의 웃지 못할 해프닝으로 마네는 씻을 수 없는 상처를 입었지만, 모네를 비롯해 당시 글레르의 화실에 다니던 화가들은 마네의 이 작품을 존경 어린 눈으로 바라보았다. 마네의 그림이야말로 그들이 추구해야 할 현대성을 담고 있었기 때문이다.

마네의 기분이 어떤지 알 리가 없는 모네는 몇 년 후에 〈풀밭 위

에두아르 마네, 〈풀밭 위의 점심〉 캔버스에 유채, 208×264.5cm, 1863, 오르세미술관, 프랑스
마네는 르네상스 시대 이탈리아 화가 조르조네의 〈전원의 합주〉에서 구성을 차용한 이 작품
이 살롱전에 충분히 걸릴 만하다고 생각했다. 하지만 전형적인 동시대 파리지앵의 차림새를
한 남성들과 누드의 여성들이 지극히 현실적인 장면 속에 함께 그려진 그림을 본 관람객들은
기괴한 소풍 같다고 여겼다.

〈풀밭 위의 점심〉

캔버스에 유채, 418×150cm(왼쪽)/248×217cm(오른쪽), 1865~1866, 오르세미술관, 프랑스

마네의 동명 작품에 대한 오마주라고 할 수 있는 이 그림을 모네는 매우 아꼈다. 하지만 아르 장퇴유를 떠날 때 밀린 집세를 낼 돈이 없자 이것을 집주인에게 담보로 맡겼다. 나중에 돈을 갚고 되찾아온 그림은 곰팡이가 슬고 물감이 떨어졌다고 한다. 결국 그는 그림을 세 부분으로 나누어 복구가 안 되는 부분은 버리고 나머지는 보완해서 자신의 화실에 걸어두었다. 현재 오르세미술관에는 마네와 모네의 작품이 서로 마주 보게 걸려 있다.

의 점심〉이라는 동명의 제목으로 높이가 4미터나 되는 거대한 작품을 그렸다. 이는 분명 마네에 대한 경의를 표한 것이다. 다만 마네의 그림과 다른 점이 있다면 모네 자신이 친구들과 자주 가던 퐁텐블로 숲에서 사람들이 소풍을 즐기는 모습을 '누드의 여인 없이' 현실적으로 표현했다는 점이다. 특히 나뭇잎 사이로 들어온 빛이 바닥에 만들어낸 무늬나 사람들 위로 얼룩진 그림자 덕분에 마네의 그림에서보다 상황이 더 생생하게 눈앞에 펼쳐지는 듯하다. 하지만 당시 모네와 친분이 있던 쿠르베는 아직 화가로서 입지를 굳히지 못한 모네에게 이 그림을 발표하지 말라고 충고했다. 악평을 얻은 마네의 그림과 얽혀서 좋을 일이 없다고 생각했기 때문이다. 물론 그림의 크기가 너무 커서 전시를 할 곳이 마땅치 않다는 현실적인 이유도 있었다.

 이름마저 비슷해서 사람들을 헷갈리게 만든 모네와 마네, 두 사람의 만남이 실제로 성사된 것은 모네가 1866년 〈초록 드레스를 입은 여인〉으로 살롱전에 당선된 이후였다. 마네가 먼저 모네에게 만나자고 초청장을 보냈고, 이들은 한 카페에서 각자의 친구들을 소개하면서 만났다. 마네는 드가와, 모네는 르누아르, 바지유, 시슬레와 함께였다. 이때의 만남을 시작으로 젊은 화가들은 서로의 작업실을 오가기도 하고 세잔이나 에밀 졸라 등 다른 예술가들과 더불어 어울리기도 했다. 서로의 작품이나 사상에 대해 마뜩잖은 부분도 있었지만 적어도 함께하는 자리에서는 서로를 격려했다. 주류 사회에서 그다지 주목받지 못한 이들이 스스로의 예술에 대한 자신감을 갖는 데에는 끈끈한 동료애가 적지 않은 힘이 되었을 것이다.

사랑을 지키다

모네는 파리에서 과거 거장들의 작품을 만나고 기존 미술계의 관습과 고답적인 수업을 경험하는 한편, 현대화된 도시의 분위기를 흡수하며 뜻을 함께할 친구들을 만났다. 여기에 더해 그는 인생을 함께할 사랑도 찾았다. 모네의 사랑은 열여덟 살의 아름다운 카미유였다. 두 사람은 모네가 스물다섯 살 되던 해에 바지유의 소개로 처음 만났다. 〈풀밭 위의 점심〉에서 여성 인물의 모델을 선 것이 바로 카미유다. 카미유는 그다지 넉넉하지 못한 집안에서 태어나 10대 시절에 화가들의 모델 일을 했다. 모네는 늘 자신은 귀부인을 만날 것이라고 호언장담했지만, 카미유의 눈을 보고 반하면서 그의 자존심이 무너졌다고 한다. 이들은 급격하게 가까워졌고 이내 동거를 시작했다. 모네는 〈초록 드레스의 여인〉에서 카미유를 주인공으로 그렸다. 이 그림이 살롱에서 호평을 받은 것을 계기로 그는 화가로서 발판을 마련할 수 있었고, 신인 화가의 작품치고는 꽤 높은 금액인 800프랑에 그림을 판매하게 되었다.

하지만 모네와 카미유의 사랑이 모네 가족들의 인정을 받는 것은 녹록지 않았다. 모네의 아버지와 고모는 카미유가 넉넉하거나 교양 있는 집안의 딸이 아니라는 이유로 강하게 반대하면서 경제적 지원을 끊겠다고 으름장을 놓았다. 그러던 중 카미유가 임신을 했다. 그녀를 파리에 두고 혼자서 가족에게 결혼 승낙을 받으러 갔을 무렵, 모네는 매우 걱정하는 내용을 적은 편지를 바지유에게 보내기도 했다. 〈생타드레스의 테라스〉가 이때 그린 작품이다. 그림 속 인물들이 멀리 바다를 바라보고 있는데, 앞쪽에서 등을 돌리고 앉은 남성이 모네의 아버지로 추정된다. 그 옆에서 하얀 양산을 든 여성은 고모일 것이고, 멀리 보이는 인물들은 사촌 등 친척으로 생각된다.

이 그림을 그리면서 모네는 어떤 생각을 했을까? 여전히 화가의 길을 인정하지 않는 아버지, 파리에 남겨진 임신한 연인을 위해 아무것도 해줄 수 없는 자신의 무력함, 더 이상 고모에게 손을 벌릴 수 없는 상황 등이 답답하지 않았을까? 그런데 아이러니하게도 이 작품은 모네가 고전주의적 방식에서 인상주의적 방식으로 넘어가는 과도기의 성격을 보여주는 작품으로 평가받는다. 내리쬐는 햇볕을 강렬한 색감으로 나타내고, 파도와 구름과 증기 등을 간략한 붓질로 묘사한 것에서 이전의 모네 작품보다 표현이 더욱 자유로워진 것을 볼 수 있다. 개인적인 고민이나 현실적인 어려움에도 불구하고 한시도 붓을 놓지 않았던 모네 특유의 성실함이 이 작품에서도 드러나는 듯하다.

결국 그는 가족들을 설득하는 데 실패했지만, 이에 굴하지 않고 카미유와의 사랑을 지켜나갔다. 그리고 첫째 아들 장이 태어나면서 비록 넉넉하지는 않지만 단란한 세 가족을 이루었다. 〈초록 드레스를 입은 여인〉이 살롱전에 당선되고 판매되었다고 하더라도 모네의 경제 사정은 여전히 나아지지 않았다. 모네에 대한 자료를 찾을수록 다소 당황스러운 부분이 있는데, 놀라우리만큼 주변인들에게 금전적이나 물질적으로 신세를 많이 졌다는 점이다. 비슷하게 가난한 처지였던 르누아르가 종종 공예품을 만드는 아버지를 돕기도 하면서 경제적 문제를 해결한 것과 달리, 모네는 주로 바지유에게 당

〈초록 드레스를 입은 여인〉 캔버스에 유채, 231×151cm, 1866, 브레멘미술관, 독일

초록색 줄무늬의 드레스와 털 장식이 달린 검정 코트를 입은 카미유의 모습이 우아하게 표현
되었다. 아직 모네 특유의 빛 표현이 드러나지는 않지만, 실내 장면임에도 빛을 효과적으로 활
용하여 그림 속 여인과 드레스에 시선이 갈 수 있게 했다.

〈생타드레스의 테라스〉 캔버스에 유채, 98×130cm, 1867, 메트로폴리탄미술관, 미국
모네가 카미유와의 관계를 가족들에게 인정받기 위해 생타드레스에 갔을 때 그린 것으로, 고
전주의에서 인상주의로 넘어가는 중간 단계의 작품이다. 강렬한 태양에 의해서 그림자가 길
게 앞쪽으로 뻗어 있고, 테라스의 꽃과 풀은 작은 붓질로 표현되었다. 멀리 보이는 바다의 파
도 역시 파란색과 녹색의 붓질로 간략하게 나타나고, 수평선 위의 배들과 거기서 뿜어져 나오
는 증기, 하늘의 구름은 거의 실루엣만으로 묘사되었다.

연한 듯 기댔다. 집세를 내지 못해 갈 곳이 막막해지자 바지유의 작업실에서 머무르는가 하면, 다른 곳으로 가게 되더라도 그림과 같은 짐들을 바지유에게 맡겨두고는 했다. 바지유가 어머니에게 보낸 지출 목록에 '초록 드레스'도 있었다는 것을 보면, 모네의 작품 속에서 카미유가 입은 드레스 역시 바지유에게서 빌린 것이라고 유추해볼 수 있다. 말년에 큰 성공을 이루기 전까지 모네는 이처럼 주변인들에게 자주 부탁을 하고 돈을 빌리고는 했다. 신진 화가로서 불안정한 수입 때문에 어쩔 수 없는 현실적 선택이기는 했을 것이다. 살롱전에 당선되지 못한 1868년에는 너무나 괴롭고 앞날이 캄캄하게 느껴져서 센강에 몸을 던지기도 했다고 한다. 물론 수영을 잘하는 모네는 곧 물에서 빠져나왔지만 말이다.

모네와 카미유는 파리에서 더 이상 지내기가 힘들어지자 파리 서쪽 외곽의 부지발Bougival에도 잠시 머물렀다. 이때까지도 두 사람은 정식으로 결혼한 상태가 아니었다. 아들 장이 태어났음에도 아직 가족들의 허락을 받지 못했기 때문이다. 결국 1870년에 모네는 카미유의 부모님 집에서 쿠르베를 증인으로 세우고 결혼식을 올렸다. 적어도 카미유의 부모님은 이들의 결혼을 축복하면서 소정의 지참금을 마련해주었다. 여기에 바지유의 도움이 더해져, 젊은 부부는 노르망디 해안가 마을인 트루빌Trouville로 신혼여행을 떠났다.

신혼여행에 가서도 모네는 붓을 놓지 않았다. 〈트루빌의 로쉬누아르호텔〉은 부부가 머물렀던 호텔 앞 해안을 그린 작품이다. 밝은 노란색과 어두운 회색의 그림자가 대비를 이루어, 강렬한 햇빛이 내려쬐는 한낮임을 짐작케 한다. 3년 전에 그린 〈생타드레스의 테라스〉처럼 이 작품에서도 우리가 익히 아는 모네 회화의 특성이 본격적으로 드러나기 시작한다.

그런데 모네와 카미유가 결혼한 바로 그해에 모네를 믿어주던 고모 르카드르가 세상을 떠났다. 어린 시절 자신을 믿어준 한 여인이 떠나가고 대신 또 다른 여인이 모네 곁에 있게 되었다. 이를 조금 확대해서 해석하면, 전통과 현대의 전환점에 있던 모네의 예술과도 비교해볼 수 있지 않을까 싶다. 고모는 아들 같은 조카가 사회적 성공이 보장된 안정적인 화가의 길을 걷기를 바랐지만, 시대가 요구하는 현대성은 과거를 깨뜨리고 새로운 길을 개척할 것을 요구했다. 그렇기에 두 여인으로 대비되는 갈림길에서 모네가 한 선택은 어찌 보면 그가 선택한 예술의 궤적과도 비슷하다.

이제 막 새롭게 출발하는 모네의 가족에게 뜻하지 않은 상황이 닥쳤다. 역시나 같은 해에 프랑스가 프로이센에 선전포고를 하면서 프로이센·프랑스전쟁이 발발한 것이다. 파리의 예술가들은 저마다 상황과 신념에 따라 다르게 대응했다. 마네, 드가, 르누아르, 바지유는 전쟁에 나갔다. 세잔은 징집을 피해 엑상프로방스에 있는 아버지의 집에 은신했다. 피사로는 가족의 반대로 참전하지 못하고 부르타뉴의 과일 농장에 피신했다가, 태어난 지 얼마 안 된 그의 아이

〈트루빌의 로쉬누아르호텔〉 캔버스에 유채, 81×58.5cm, 1870, 오르세미술관, 프랑스
모네가 카미유와 신혼여행을 가서 그린 작품이다. 야외에서 그리는 평소의 방식대로 이때도 그는 이젤을 모래사장에 세워두고 그림을 그렸다. 바람이 심하게 불어 이젤이 넘어져서 아직 덜 마른 유화물감에 모래가 붙었는데, 그 흔적이 지금도 남아 있다. 더없이 현장감이 넘치는 그림이 아닐 수 없다.

가 병으로 죽자 가족들과 런던으로 갔다. 그리고 런던에서 모네와 만났다. 모네는 전쟁이 일어나기 직전에 결혼을 했으므로 징집을 피할 수 있었다. 하지만 부인과 아들의 안전을 생각해서 르아브르를 거쳐 런던으로 피신한다. 자신이 먼저 가서 자리를 잡고 부인과 아들을 런던으로 불렀다. 아직 비행기로 여행을 하지 않는 시절이고 철도도 연결되어 있지 않았으니, 런던에 가기 위해서는 르아브르에서 배를 타는 것이 유일한 방법이었다. 그렇게 모네는 르아브르를 거쳐 영국이라는 새로운 장소로 가게 된다.

런던에서 깨달은 새로운 빛의 표현

모네 외에도 많은 예술가들이 전쟁을 피해 런던에 갔다. 그중에는 모네의 스승인 부댕과 친구 피사로도 있었다. 이들은 함께 미술관을 순례하면서 새로운 예술적 자극을 찾아다녔다. 이때 모네는 자연스럽게 영국의 대표적 풍경화가인 컨스터블과 터너의 작품을 접하게 된다.

미술사에서 이전까지 영국의 회화는 주로 프랑스나 이탈리아 같은 대륙의 예술을 답습하는 데 급급했다. 하지만 18세기 말과 19세기 초에 활동한 컨스터블과 터너는 다른 곳이 아닌 영국만의 풍경에 주목했다. 컨스터블은 영국인들이 가보지 못한 로마나 신성한 지역이 아닌 영국에서 흔히 볼 수 있는 농가의 모습을 담담히 그렸는데, 이 풍경은 영국인들에게 자부심을 심어주기에 충분했다. 내가 나서 자란 곳에도 아름다운 장소가 있고 그림으로 표현될 만한 곳이 있다는 생각이 들게 했다. 비단 영국만의 문제가 아니다. 우리 미술사를 보더라도 겸재 정선이 〈금강전도〉와 〈인왕제색도〉에서 고사에 나오는 중국의 어느 지역이 아니라 금강산과 인왕산을 그린 것은 조선 땅에 대한 자부심과 조선인으로서의 자긍심을 표출한 것이라고 할 수 있다. 아무튼 컨스터블이 영국의 시골 풍경을 주로 다루었다면, 터너는 해상 국가로서 영국인들에게 익숙하고도 자랑스러운 바다의 풍경을 그렸다.

용킨트가 모네에게 말한 것처럼, 영국보다 더 먼저 바다로 나가 무역을 하고 힘을 키우던 네덜란드 역시 17세기부터 바다 풍경화로 유명했다. 하지만 영국인 화가 터너가 그린 바다는 그것과 달랐다. 그는 바다에 나가 하늘과 파도를 직접 보고 느끼면서 그림을 그렸다. 폭풍우 치는 바다를 담기 위해 배의 돛대에 몸을 묶고 작업했다는 일화가 있을 정도다. 실제 터너는 바다와 하늘의 변화를 연구하고자 엄청난 양의 습작을 했다. 그는 바다 풍경을 단순히 아름답고 사실적으로 표현하는 데 그치지 않고, 폭풍우 치는 바다의 거친 에너지, 노을이 드리워진 바다의 장엄함 등 대상의 감각적이고 감정적인 모습을 화폭에 담았다. 모네는 터너의 작품을 보면서 깊은 감명을 받았다. 훗날 인상주의자라고 불리게 될 많은 화가들이 이 당시 런던에 갔던 만큼, 인상주의에 끼친 터너의 영향을 배제할 수 없다.

오늘날 터너는 영국을 대표하는 화가로, 우리에게 김홍도가 차지하는 정도의 위상에 맞먹는다. 터너의 이름을 딴 '터너 프라이즈'는 영국에서 가장 영향력 있고 훌륭한 작업을 하는 예술가에게 수여된다. 모네의 여정을 따르기로 했다면 터너의 작품은 당연히 봐야 할 필수 코스다. 런던의 테이트브리튼갤러리에 가면 터너의 주요 작품들을 볼 수 있다. 책 속 이미지가 아닌, 실제로 본 터너의 작품에는 감각적인 순간을 포착하기 위해 거칠게 칠한 붓질이 두드러졌다. 물감을 묻힌 붓을 빠르게 휘두르는 방식으로 그렸기 때문인데, 이는 그림 표면에 마티에르라고 부르는 오돌토돌한 요철을 남긴다. 터너와 모네 그리고 고흐와 같이 자신의 직관이나 감정을 그대로 표현하는 작가들의 그림에서 마티에르가 잘 드러난다. 또한 터너의 그림에서는 햇빛, 바람, 파도 등이 만들어내는 색이 화면을 주도한다. 비바람이 불고 폭풍우가 치는 모습에서는 어둡고 검은 색조가, 아침 햇살이 저 멀리서 떠오르는 장면에서는 밝고 따뜻한 빛이 화면을 감싸는 듯하다. 그는 소재에 대한 세세한 묘사보다는 날씨에 따른 감각적인 상황을 포착하는 것에 주력했다. 이러한 특성들이 모네에게도 영향을 주었을 것으로 짐작된다.

훗날 1899년에 다시 런던을 찾은 모네는 일명 '빅벤'이라고 불리는 영국 국회의사당을 시간대별로 다른 색감으로 표현했다. 그는 이 연작을 그릴 때 빅벤의 형태와 본래 색깔은 중요하게 생각하지 않았다. 어느 날 아침에 "안개가 껴서 모든 것이 노란빛이다"라고 적었듯이, 그는 날씨에 따른 빛과 색의 변화에만 민감하게 반응했다. 모네가 전쟁을 피해 런던에 간 것이 서른 살이었다면, 〈국회의사당〉 연작을 그린 시기는 환갑의 나이였다. 앞으로 살펴보겠지만, 그 사이 모네는 〈생라자르역〉 연작을 그리며 하나의 대상을 여

조지프 말러드 윌리엄 터너, 〈해체를 위해 예인된 전함 테메레르〉

캔버스에 유채, 91×122cm, 1839, 내셔널갤러리, 영국

트라팔가르해전에서 활약했던 전함 테메레르호가 수명을 다해 증기선에 끌려가는 모습이 일몰과 함께 장엄하고도 우수에 찬 분위기로 묘사되었다. 터너 자신이 유독 아꼈다는 이 그림은 BBC 라디오를 통해 영국인이 가장 사랑하는 작품으로도 선정된 바 있다.

런던 내셔널갤러리

1824년에 설립된 영국 최초의 국립미술관으로, 런던 중심의 트래펄가 광장에 위치한다. 레오나르도 다빈치, 산드로 보티첼리, 미켈란젤로 부오나로티, 렘브란트 판 레인, 디에고 벨라스케스, 세잔 등 13세기 중반부터 1900년까지 약 2,300점의 회화 작품을 소장하고 있다.

러 시점에서 보는 것을 시도했고, 〈루앙대성당〉 연작을 통해 햇빛에 따라 달라지는 건축물의 모습을 연구했다. 이러한 과정을 거쳐 노년에 이른 모네는 다시 찾은 런던에서 빅벤과 템스강의 시시각각 다른 분위기를 자신만의 화풍으로 표현할 수 있었다. 그리고 이러한 완숙의 경지에 이르는 데 교본이 된 것 중의 하나가 바로 서른 살에 만난 터너의 작품이다. 역사에 획을 그은 여러 천재들처럼, 모네 역시 선배들의 작품과 가르침에서 끊임없이 배웠고 이를 자신만의 방식으로 소화했다. 〈국회의사당〉 연작은 그렇게 탄생한 작품이다.

내가 런던을 방문했을 때 마침 건축을 주제로 한 모네의 주요 작품들을 모은 전시회가 내셔널갤러리에서 열리고 있었다. 이 전시회에서 모네 작품의 시대별 특징과 함께, 평소 접하기 어려운 건축과 도시 풍경을 담은 그의 그림들을 볼 수 있었다. 이 전시는 같은 시기 파리의 프티팔레미술관에서 열린 '런던의 인상주의자들'이라는 전시와 연결성을 가지면서, 당시 모네를 비롯한 화가들이 전쟁을 피해서 간 런던에서 어떤 경험을 했을지 상상하게 해주었다.

하지만 뭐니 뭐니 해도 전시회의 하이라이트는 단연 〈국회의사당〉 연작이었다. 이 연작에서 모네가 그린 빅벤은 수직으로 솟은 시계탑과 그 옆의 건물 첨탑들이 뾰족하게 서 있는 실루엣으로만 구분할 수 있다. 하늘과 템스강, 그 앞을 오고 가는 작은 배도 그 형태를 짐작만 할 수 있을 정도로 간략하게 표현되었다. 연작을 이루는 개별 작품들 간에 차이를 만들어내는 가장 큰 요소는 바로 '색'이다. 안개가 낄 때, 노을이 질 때, 계절에 따라, 하루의 아침과 낮과 저녁의 시간에 따라, 태양의 움직임에 따라, 지면에 비추는 빛의 강도와

1. **〈겨울의 국회의사당〉**, 캔버스에 유채, 81×92cm, 1903, 워싱턴 국립미술관, 미국
2. **〈국회의사당, 안개 효과〉**, 캔버스에 유채, 81×92cm, 1903, 메트로폴리탄미술관, 미국

3. 〈국회의사당, 안개 효과〉, 캔버스에 유채, 82×92cm, 1903, 개인 소장
4. 〈해 질 녘의 국회의사당〉, 캔버스에 유채, 80×91cm, 1904, 카이저빌헬름박물관, 독일

색이 달라진다. 모네가 그 모든 차이를 과학적으로 분석한 것은 물론 아니다. 그는 그저 자신이 눈으로 보고 피부로 느낀 빛과 분위기를, 그 찰나의 순간을 포착하여 붓으로 그렸을 뿐이다.

여행을 하는 동안 모네는 자신의 호텔 방에 앉아서 창 너머로 보이는 빅벤을 수없이 그렸다. 그런데 안개가 낄 때 시작한 작품이 채 완성되기도 전에 안개가 걷히거나, 노을 지는 풍경을 그리는 중에 이미 해가 져버리는 경우가 많았다. 그래서 국회의사당뿐만 아니라 다른 연작들을 작업할 때도 한 번에 여러 그림을 펼쳐놓고 원하는 풍경이 보이는 시간에 그리고는 했다. 그럼에도 런던에서 미처 작품들을 다 완성하지 못한 채 프랑스로 돌아와야 했고, 결국 1903년에야 모든 연작이 완성되었다. 이 작품들은 이듬해 파리의 갤러리에 전시되어 인기리에 모두 판매되었다.

평생의 후원자 뒤랑뤼엘과의 만남

다시 모네가 런던에 처음 발을 내디딘 시기로 돌아가보자. 전쟁의 혼란을 피해 오긴 했지만, 그는 런던에서 바쁜 시간을 보냈다. 미술관을 돌아보기도 하고, 템스강과 런던 근교에 나가 늘 하던 대로 풍경을 그리기도 했다. 또한 자신의 그림을 영국 로열아카데미에서 전시해보고 싶었다. 그렇지만 영국 아카데미 역시 모네와 피사로, 시슬레의 작품을 받아들이지 않았다. 훗날 인상주의 전시에 대한 소식을 들은 후 뒤늦게 아카데미 원장이 이들의 작품에 현대성

템스강과 영국 국회의사당

모네는 1899년 가을에서 1901년 초까지 세 차례 런던 템스강 가의 사보이호텔에 머무르며, 호텔 창문 너머로 보이는 국회의사당의 모습을 연작으로 남겼다. 평생 센강 유역을 오가며 작업을 해왔던 그답게, 자주 안개가 끼고 흐려지는 런던의 날씨와 그에 따라 달라지는 템스강의 분위기 역시 놓치지 않았다.

이 들어 있다며 극찬했다고 한다. 이 시기 모네는 가족들을 부양하기 위해 경제 활동을 해야 했는데, 마침 바르비종파 화가 중 한 명인 도비니가 런던에서 그림을 팔았다는 소식을 듣게 되었다.

도비니는 마찬가지로 런던에 와 있던 프랑스인 화상 폴 뒤랑뤼엘의 도움을 받아 전시와 판매를 했다. 이전부터 도비니를 알고 있던 모네는 그에게 도움을 요청했고, 이렇게 처음 뒤랑뤼엘과 만났다. 이후 뒤랑뤼엘은 모네를 비롯한 인상주의 화가들의 동반자가 되었고, 특히 모네에게는 없어서는 안 될 버팀목이었다.

예술가가 어떻게 현실적인 삶을 꾸리는지 생각해본 적이 있는가? 어린 시절, 그림을 좀 잘 그린다 싶으면 선생님이나 주변 어른들에게 화가가 되면 좋겠다는 권유를 듣는다. 나도 그런 소리를 듣던 '그림 잘 그리는 아이'였다. 하지만 재능이 있다고 해서 모든 사람이 다 예술가가 되는 것이 아니다. 설령 예술가가 된다고 하더라도 매 순간 현실의 벽에 부딪힐 수밖에 없다. 어떤 사람들은 고흐나 이중섭을 예로 들며 고독과 배고픔이 오히려 창작의 원동력이 되어 더 위대한 예술 작품이 탄생하는 것 아니냐고 이야기할지도 모르겠다. 하지만 미술사에 족적을 남긴 예술가 중 생전에 높은 명성과 부를 얻은 사람도 적지 않다.

한 연구에 따르면, 예술가의 성공은 오히려 그의 사회적 인맥에 비례한다고 한다. 물론 인맥이 넓다고 반드시 성공이 보장되는 것은 아니지만, 적어도 우리가 상상하듯 냉골에 홀로 틀어박혀 먹지도 않고 그림만 그리는 것이 위대한 예술가의 초상은 아니라는 말이다. 고흐나 세잔 같은 이들은 홀로 그림 그리는 것을 즐겼지만 이는 외부 환경뿐만 아니라 개인의 성향도 한몫했을 것이다. 어떤 직업을 가지든 혼자 있는 것을 즐기는 사람이 있고 다른 사람들과 어울리는 것을 좋아하는 사람이 있듯이, 예술가도 마찬가지다. 그러니 고독하게 예술혼을 불태우는 것이 천재 예술가의 필요충분조건이 될 수는 없다. 미술 평론을 하면서 작가들을 많이 만나게 되는데, 저마다 사정은 다르지만 대부분 경제적 어려움 없이 그림에만 집중하면서 살기를 꿈꾼다. 오늘날의 작가들은 아트페어나 갤러리, 경매 등을 통해 작품을 판매하여 경제적 수입을 얻는 것이 기본이지만, 크게 주목받거나 인기 있는 작가 외에는 쉽지 않은 일이다. 화가라는 직업을 가지면 응당 그림을 그리면서 먹고살 수 있어야 한다고 생각하는 것과 달리 현실은 과거나 지금이나 녹록지 않다.

모네의 경우 전쟁 이전에는 가족들이나 친구 바지유 등의 도움으로 근근이 지냈지만, 30대의 가장이 되자 현실적 돌파구가 필요했다. 그런 와중에 화상인 뒤랑뤼엘을 만나게 된 것이다. 지금도 예술가들이 작품을 판매하는 일이 쉽지는 않지만, 당시에는 살롱에 입상해서 명성을 얻는 것 외에 개인적으로 갤러리나 화상을 통해서 작품을 팔 수 있는 방법이 거의 없었다. 하지만 미술계가 점차 변화하고 아카데미풍의 주류 미술 이외의 작품들이 주목을 받으면서 번뜩이는 통찰력을 가진 화상들이 등장하기 시작했다. 그중 한 명인 뒤랑뤼엘은 조금 더 구체적이고 새로운 시각을 가지고 있었다. 사회적으로 이미 인정받은 작가들이 아닌 모험적인 신진 작가들을 키우고, 이들을 미국 시장에 소개해서 작품을 팔겠다는 것이었다. 결과적으로 그의 판단은 옳았다. 경제적으로 부유해진 미국은 유럽과 연결되면서도 차별화할 수 있는 자신들만의 문화를 갖고 싶어 했다. 그래서 고전적이고 전형적인 유럽 미술 대신 색다른 미술을 찾았고, 이러한 미국 내 상황과 인상주의가 등장했던 시기가 맞아떨어졌다.

뒤랑뤼엘이 처음부터 인상주의자들을 주목한 것은 아니었다. 그는 처음에는 도비니나 밀레 같은 바르비종파 화가들에게서 가능성을 보았다. 그래서 파리에 사는 미국인들을 타깃으로 하여 도비니의 개인전을 열고 작품을 판매했다. 모네를 비롯한 신진 작가들이 이러한 성공을 목격하게 되었고, 그들 역시 뒤랑뤼엘을 통해 작품을 판매하여 경제적 안정을 얻기를 원했다.

뒤랑뤼엘은 처음에 파리의 르펠레티에Le Peletier 거리에 작은 화랑을 열었고, 거래가 활발해지자 가까운 라피트 거리에 두 번째 지점을 열었다. 전쟁의 혼란을 피해 런던에 갔을 때도 그곳에 갤러리를 열었다. 그렇다고 뒤랑뤼엘이 독점을 한 것은 아니었다. 주로 아프리카와 아시아에서 온 이국적인 미술품이나 골동품을 거래하던 다른 화상들도 신진 작가들에게 주목하면서 그들의 작품을 거래하는 경우가 늘어났다. 특히 파리와 런던을 중심으로 개인 화상들의 활동이 활발히 이루어졌는데, 산업혁명 이후 자본주의 경제체제가 안정화되고 신분제를 넘어서 새롭게 부유해진 중산층이 늘었기 때문이다. 신흥 중산층은 과거 귀족들의 취향이 아닌 자신들의 기호에 맞는 새로운 미술을 원했고, 이들의 취향을 화상들이 간파했다.

이렇듯 새로운 수요층이 생기면서 화상들이 물건을 거래하는 방식도 변화했다. 과거에는 좋은 작품을 하나씩 사서 판매했다면, 이

모네와 인상주의를 미국 시장에 알린 화상 폴 뒤랑뤼엘

뒤랑뤼엘은 화상이었던 아버지 밑에서 어려서부터 그림 보는 눈을 키웠다. 기업을 물려받아 활동하던 초기에는 바르비종파 화가들에게 관심을 가졌다가, 인상주의 화가들을 만난 이후로는 이들의 강력한 후원자가 되었다. 그는 무엇보다 모네와 인상주의를 미국 시장에 알리는 데 큰 공을 세웠다.

제는 인기 있는 작가의 작품을 미리 대량으로 사들여 확보하고자 했다. 요즘으로 치면 전속 작가 개념이라고 볼 수 있다. 화상이 화가에게 지속적으로 생활비나 재료비 등을 지급하면서 작업을 잘 할 수 있도록 돕고, 이렇게 해서 어느 정도 완성된 작품이 모이면 이것들을 한 화상이 모두 사는 것이다. 이 방식은 사실 모험에 가깝다. 작가의 인기가 높아서 작품이 제작되는 대로 바로 팔리면 화가와 화상 모두 큰 이익을 볼 수 있지만, 그렇지 않으면 모두 재고가 되어 빚으로 남기 때문이다. 물론 화가는 화상에게 작품 대금을 받을 수 있으니 괜찮다고 생각할 수 있지만, 판매되지 못한 자신의 작품이 갤러리 창고에 갇혀 빛을 보지 못하는 상황이 속상하기는 화가도 마찬가지다.

실제 1872년에 뒤랑뤼엘이 모네의 작품을 대량으로 구매했는데 그중 많은 작품이 팔리지 못하고 창고에 재고로 쌓이게 되었다. 뒤랑뤼엘은 팔리지 못한 작품의 대금인 약 2만 프랑을 모네에게 당장 지급할 수 없었다. 훗날 다행히 이 그림들을 다 처분할 수 있게 되었고 말년에는 모네의 작품이 없어서 팔지 못하는 지경에까지 이르렀으니 끝은 해피엔딩이지만, 당시로서는 뒤랑뤼엘의 입장이 몹시 곤란했다. 그래서일까? 모네는 여러 번, 그것도 당당히 뒤랑뤼엘에게 돈을 요구하거나 자신이 치르지 못한 양복 값을 뒤랑뤼엘의 이름으로 달아놓기도 했다.

인상주의 작품이 초기 수십 년간 사회적인 검증은커녕 비판을 받던 상황이었으니 모네나 마네, 드가와 같은 작가들의 작품을 대량으로 구입하고 이들을 지속적으로 지원한 뒤랑뤼엘의 도전 정신은 남다르다 할 것이다. 그는 인상주의가 형성되는 데에도 중요한 역할을 했다. 실제로 인상주의 전시 중 일부를 뒤랑뤼엘이 기획하기도 했고, 인상주의자들의 작품을 미국으로 가져가서 소개하고 판매했다. 청년기에 경제적인 어려움을 겪던 인상주의자들이 노년에 이르러 세계적인 명성과 부를 얻게 된 것은 뒤랑뤼엘의 이런 노력 덕분이라고 해도 과언이 아니다. 1922년 뒤랑뤼엘이 세상을 떠났을 때, 모네는 그의 아들인 조제프 뒤랑뤼엘에게 "네 아버지에게 많은 은혜를 입었다"라고 전하기도 했다.

이처럼 모네는 런던에서 터너와 컨스터블에서 연유한 새로운 회화적 표현에 대한 아이디어를 얻었고, 뒤랑뤼엘과 같은 평생의 동반자를 만났다. 1년도 안 되는 짧은 기간이었지만 모네의 예술 인생에 전환점이 될 만한 시간이었다. 전쟁이 끝난 후, 모네는 아내와 아들과 함께 용킨트의 고향인 네덜란드에 가서 네 달 정도 머무르다가 프랑스로 돌아왔다. 그가 런던에서 보냈던 시간을 더듬으면서, 낯선 공간에서도 부단히 노력했던 서른 살의 모네를 상상해보았다. 그는 스무 살이 되기 직전 파리에 가서 화가가 되려는 꿈을 꾸었고, 서른 살이 되어 새로운 미술계와 미술 시장을 접하게 되었다. 여전히 불안정하지만 그는 끊임없이 어딘가를 향해 움직였고, 그런 시간이 쌓여서 훗날 런던을 다시 찾았을 때는 원숙한 화풍과 사회적 명성이 그와 함께했다.

해가 뜨기 직전에 하늘은 가장 혼란스럽다. 어디까지가 빛인지 어둠인지, 어디까지가 하늘이고 바다인지 알 수 없는 불확실한 순간이다. 하지만 해가 떠오르며 생명체들에 숨을 불어넣고, 햇빛을 받아 만물이 형태를 잡아가듯이, 이제야 모네의 인생이 궤도에 들어서고 있었다. 새로운 시대를 맞이해 현대화되고 있던 파리에서 모네의 삶은 어찌 보면 해가 뜨기 전의 혼란과도 같았다. 조금씩 형태가 보여서 사람인가 싶어 다가가면 나무등치이고, 배인가 싶어 다가가면 돌덩이일 뿐인, 어디로 가야 할지 길이 명확하지 않은 시기였다. 모네뿐 아니라 20~30대 청년기는 누구에게도 그럴 것이다. 질풍노도의 10대보다는 어른이 되어야 하지만, 아직 가진 것도 없고 자리를 잡지도 못한 시절, 사랑하는 가족이 생겼어도 이들에게 무엇 하나 만족스럽게 해줄 수 없는 그런 시기다. 그나마 다행히 모네는 주변 사람들의 도움으로 이 시기를 잘 이겨냈다. 물론 시대를 앞서간 그에게는 아직도 헤쳐나가야 할 것이 많았지만, 적어도 모네라는 이름이 화가로서 사람들의 머릿속에 조금씩 각인되기 시작했다.

오스만 남작의 도시 개조 프로젝트

19세기 프랑스는 혁명 이후 계속되는 혼란 속에 있었다. 그러던 중 나폴레옹 1세에 대한 향수에 젖어 있던 시민들이 1848년 선거를 통해 나폴레옹 3세를 대통령으로 선출했다. 그러나 나폴레옹 3세는 쿠데타를 일으켜 공화정을 붕괴시키고 1852년 제2제정을 선포하며 스스로 황제의 자리에 올랐다. 그는 프랑스가 영국과 달리 사회적으로 불안정한 탓에 경제적으로 발전하지 못했다고 생각하며, 공업을 부흥시키고 파리를 런던 못지않은 근대적 도시로 바꾸려는 계획을 세웠다.

1853년 나폴레옹 3세는 당시 센 지구의 지사로 선출된 오스만 남작에게 파리를 새롭게 정비하는 일을 맡겼다. 이때부터 시작된 파리의 대대적인 근대화 사업은 오스만 남작이 사임한 1870년까지 이어지다가 프로이센·프랑스전쟁과 나폴레옹 3세의 사망으로 잠시 주춤하는 듯했지만, 결국 1927년에 완성된다.

70여 년 동안 이루어진 이 프로젝트의 결과로 파리는 과거와 완전히 다르게 변모했다. 기존의 파리는 중세 때부터 크고 작은 건물들이 무분별하게 지어지면서 골목이 턱없이 좁아 교통이 불편하고 상하수도 시설도 취약했다. 그로 인해 위생 문제가 심각했고 전염병이 퍼지기도 쉬웠다. 또한 미로처럼 얽힌 골목은 안전하지 못할뿐더러 폭동이 일어날 때 통제하기가 쉽지 않았다. 이런 문제들을 해결하고자 오스만 남작은 미관뿐 아니라 실용성을 고려하여, 시민들의 생활을 윤택하게 할 수 있는 유기체와 같은 도시를 구상했다. 우선 도심에 있던 오래된 건물들을 헐어버리고 기차역과 주요 시설들을 잇는 대로를 놓은 뒤, 이들을 중심으로 방사형 도로를 건설했다. 도로 가에는 일명 '오스만 양식'이라고 불리는 건물들을 세웠다.

가장 대표적인 것이 샹젤리제 대로를 비롯하여 개선문을 중심으로 뻗은 방사형 도로다. 고대 로마의 개선문에서 영감을 받아 나폴레옹 1세 때 지어진 개선문을 중심으로 열두 개의 길이 뻗어 있다. 개선문 위에 올라서면 이 모든 길들이 다 보인다. 교통을 편리하게 한다는 실용적인 목적과 함께, 정치적인 관점에서 보면 끊임없이 일어나는 폭동이나 집단 행위들을 감시하고 빠르게 제압하기 위한 용이함을 갖춘 구조라고 해석된다.

또한 지하에 상하수도 시설이 놓이면서 위생적인 도시가 되었다. 전염병이 눈에 띄게 줄었고, 무엇보다 비가 오면 오물로 가득하던 거리가 깨끗해졌다. 덕분에 비가 내리는 날에도 도시를 걸을 수 있게 되었다. 모네의 친구이기도 했던 구스타브 카유보트가 그린 작

1880년경 파리

품에서 오스만 프로젝트가 낳은 거리 풍경을 잘 볼 수 있다. 비 오는 날 파리 시민들이 각자 우산을 쓰고 푸른 지붕에 상아색 벽으로 만들어진 건물들 사이의 골목을 걸어가고 있다. 이들의 모습은 마치 이런 근대화된 도시의 일상이 당연하다는 듯 일견 무심해 보이기도 한다. 도로와 건물, 시설을 정비한 것 외에도 불로뉴 숲 등 시민들이 산책하거나 편하게 쉴 수 있는 공원이 만들어졌고, 파리지앵의 문화생활을 책임질 오페라가르니에가 건립되었다.

도시의 현대화에 편리함과 아름다움이라는 밝은 부분이 있다면 이에 대한 그림자도 있기 마련이다. 도시를 재정비하고 도로를 넓히기 위해 오래된 건물들을 철거하면서 많은 이들이 생활의 터전을 잃었다. 물론 새로 지어진 집에 들어갈 수 있을 만큼 부유한 이들에게는 좋은 기회였겠지만, 소득이 낮은 사람들은 임대료가 비싼 도심에서 살기가 어려웠다. 자연히 빈곤한 사람들이 파리 외곽으로 빠져나가면서 도시 내 주거 위치에 따른 경제력의 차이가 나타났고, 소득 격차에 따른 계층화가 이루어졌다. 그렇지만 파리 시 전체를 보았을 때는 이전보다 더 많은 인구가 유입되었다. 오스만 프로젝트 이전에는 100만 명도 되지 않던 파리 인구가 1870년에는 200만 명을 넘었다.

오스만 남작이 이토록 강한 추진력으로 도시를 재정비할 수 있었던 것은 나폴레옹 3세의 의지가 컸기 때문이다. 하지만 1870년에 나폴레옹 3세는 재정비 과정에서 드러난 여러 문제점들 때문에 오스만에게 프로젝트에서 손을 떼게 한다. 오스만은 이를 거부했지만, 곧이어 프로이센·프랑스전쟁이 발발하면서 프로젝트 자체가 중단되어 자신의 계획을 완성하지 못했다. 전쟁 후에는 이전에 오스만과 함께 프로젝트를 진행했던 장 샤를 알팡이 뒤를 이어, 1927년 오스만 대로를 끝으로 프로젝트를 마무리했다. 지금의 파리는 여전히 오스만 프로젝트 때 정비된 모습을 뼈대로 하고 있다. 우리가 선망하는 파리지앵의 라이프스타일을 오스만 남작이 만들었다 해도 과언이 아닐 것이다.

구스타브 카유보트, 〈비 오는 날 파리〉, 캔버스에 유채, 212×276 cm, 1877, 시카고미술관, 미국

03

아침 햇살

인상주의자의 탄생

아르장퇴유, 화가 인생 제2막의 시작

전쟁이 끝나고 파리로 돌아온 모네는 생라자르Saint-Lazare 역 앞에 임시로 거처를 마련했다. 하지만 파리에 살기에는 생활비가 부족했던 차에, 마네가 자기 가문 땅이 있는 아르장퇴유의 한 저택을 빌릴 수 있도록 소개해주었다. 아르장퇴유는 파리에서 서북쪽으로 16킬로미터 정도 떨어진 센강 유역의 작은 도시다. 파리 시내에서 차로 30분이면 닿는 데다 1851년에 기차가 개통되면서 접근성이 더 높아져 주말마다 파리지앵들이 이곳을 찾았다. 특히 센강에서 열리는 보트 경기의 인기가 높았다. 또한 '아르장'은 은을 의미하는 말로, 은 광산이 있었던 곳인 만큼 산업화가 일찍 시작되었다. 그래서 아르장퇴유는 산업 근로자들이 모여 사는 한편, 넓은 토지와 별장을 소유한 신흥 중산층들이 오고 가는 독특한 분위기의 지역이었다. 마네의 가족도 이곳에 상당한 땅을 소유하고 있었다. 본래 댄디 기질이 있던 모네는 마네 덕에 이곳의 신흥 중산층들과 어울렸다.

이 시절 모네는 주로 센강 가와 양귀비가 핀 들판에 나가 그림을 그렸다. 아름다운 자연 속에서 햇살이 어른거리는 강물과 들판을 그리면서, 모네 특유의 색채와 붓질이 드러나는 작품들이 나왔다. 〈아르장퇴유의 양귀비밭〉은 들판에 노랗고 붉은 꽃들이 흐드러지게 핀 모습임을 한눈에 알아볼 수 있지만, 자세히 보면 작품 속 꽃은 그저 작은 점일 뿐이다. 그래서 이 꽃이 어떤 종류인지 그림만으로는 알 수 없다. 모네가 주로 그림을 그리던 아르장퇴유와 노르망디 지역 인근에 많이 피던 양귀비로 짐작할 뿐이다.

그가 그린 풍경화는 사진처럼 사실적인 형태와 색을 담고 있지 않다. 그보다는 '인간의 눈'에 비친 모습을 묘사하고 있다. 우리는 세세한 부분을 눈여겨보지 않아도 하얀 것은 구름이고 그 사이로 보이는 푸른색은 하늘이며 초록 들판에 드문드문 퍼진 붉은색은 꽃이라는 것을 직관적으로 알 수 있다. 꽃밭을 그린 작품에서 꽃 외의 나무, 풀밭, 하늘 같은 요소들이 더 많은 면적을 차지하고 있음에도 불구하고 우리가 꽃을 주인공으로 인식하는 것은 꽃의 노란색과 붉은색이 인간의 눈에 더 강하게 지각되기 때문이다. 색이 갖는 이런 특성을 모네는 본능적으로 그리고 훈련을 통해 잘 알고 있었고 이를 효과적으로 표현했다.

혹시 학교 미술 시간에 배운 '먼셀 표색계'를 기억하는 독자들이 있을지도 모르겠다. 앨버트 헨리 먼셀이라는 학자가 원형 도표 안에 다양한 색을 그 성격에 따라 정리한 것이다. 이외에도 당시 색에 관한 다양한 연구들이 이루어졌고, 카메라에 쓰이는 렌즈가 발달하면서 빛에 대한 관심이 높아져 광학 연구도 활발했다. 색과 빛에 대

〈아르장퇴유의 양귀비밭〉 캔버스에 유채, 50×65cm, 1873, 오르세미술관, 프랑스

햇볕이 좋은 날에 붉은 양귀비가 핀 들판을 산책하는 카미유와 아들 장의 모습은 표정이 보이지 않아도 행복하게 느껴진다. 그런데 언덕 아래뿐 아니라 저 멀리 언덕 위에도 두 사람이 작게 그려져 있다. 화면 구성상 필요했겠지만, 마치 같은 사람이 동시에 두 장소에 있는 것처럼 표현되어 색다른 재미를 준다.

〈아르장퇴유〉 캔버스에 유채, 67×56cm, 1875, 오르세미술관, 프랑스

모네의 그림 속에 표현된 아르장퇴유는 아름다운 강둑과 들판이 펼쳐지고, 정원에 꽃이 가득한 아기자기한 집들이 있는 풍경이었다. 그래서 이번 여행에서도 기대했던 장소 중 하나였지만, 100년이 넘는 시간이 흘러 변해버린 아르장퇴유에서 당시의 분위기를 느끼기는 어려웠다.

한 연구에서는 노랑·파랑·빨강 등의 색상과 함께, 색의 선명도를 의미하는 채도, 밝음의 정도를 의미하는 명도라는 세 요소에 따라 색의 특성을 구분한다. 이에 따르면 풀밭의 녹색보다 꽃의 노란색이나 빨간색의 채도가 더 높다. 다시 말해 색의 선명도가 더 높다는 것인데, 그렇게 되면 인간의 눈은 채도가 높은 쪽을 더 강하게 지각한다. 도로 위의 노란색이 더 선명하게 보이는 것과 같은 원리다. 이러한 효과가 모네의 작품에서도 드러난다.

모네는 어스름한 분위기를 낼 때는 색들 간의 채도나 명도의 차이를 적게 주었고, 밝은 날을 그릴 때는 차이를 강하게 주었다. 모네가 어느 정도의 학문적 배경지식을 바탕으로 작품을 그렸는지 알 수 없지만, 그가 사진가인 펠릭스 나다르와 친분이 있었고 당시 많은 지식인과 예술가 들이 광학 이론에 관심을 가졌다는 점을 염두에 둘 필요가 있다. 먼셀뿐만 아니라 이 주제를 다룬 여러 학자들의 책도 이미 출간되어 있었다.

학자들이 말하는 빛에 대한 이야기를 조금 더 진전시켜보자. 삼각기둥 모양의 프리즘에 햇빛을 비추면 무지개 모양이 생기면서 색들이 나뉘어 보인다. 이것은 빛의 굴절 각도 때문인데, 유리나 렌즈와 같이 투명한 물체가 빛을 어떻게 굴절시키느냐에 따라 색이 달라지는 것이다. 이는 우리 눈이 세상을 보는 원리하고도 같다. 파란 하늘은 파란빛을 반사하고 초록 잎사귀는 초록빛을 반사하며 흰 벽은 모든 빛을 반사한다. 반대로 검은색은 대부분의 빛을 흡수해버린다. 이렇듯 인간이 세상의 '색'을 본다는 것은 반사된 '빛'을 보는 것이다. 따라서 자연의 빛을 그리고자 한 모네는 이를 인간의 눈에 지각되는 결과인 색으로 표현했다.

　아르장퇴유에서 모네의 예술은 다음 단계로 나아가고 있었다. 이는 생활의 안정에서 기인한 것이다. 그는 정원이 있는 아름다운 집에서 아내와 아들과 함께 행복한 시간을 보내면서, 창문 너머로 보이는 아내의 모습이라든지 아내와 아들이 정원의 꽃나무 아래에서 노는 모습 등을 화폭에 담았다. 우리가 가족과의 즐거운 한때를 사진으로 남기고 싶어 하는 것처럼, 모네 역시 그림 속에 가족들에 대한 애정을 담았다. 가족이 함께 소풍을 나갈 때면 그것 역시 그림의 소재가 되었다. 모네의 그림 속에서 양귀비밭이나 강둑을 걷고 있는 여인과 작고 앙증맞은 모자를 쓴 아이는 대부분 부인인 카미유와 아들인 장을 그린 것이다.

　이 시기 모네는 경제적으로 약간의 안정을 얻었다. 그의 작품들이 뒤랑뤼엘이나 다른 지인들을 통해 조금씩 판매되기 시작했고, 안타까운 일이지만 1871년 1월에 아버지가 돌아가신 후 약간의 유산을 물려받기도 했다. 생활에 여유가 생기자 모네는 작은 보트를 사서 배 위에 화실을 꾸몄다. 이것이 앞서 말했던 '스튜디오 보트'다. 물과 주위 풍경을 그리기 좋아했던 모네가 바다에서 끊임없이 부서지는 파도와 먼 바다의 잔물결을 보았다면, 강에서는 잔잔한 수면 위로 아름답게 부서지는 빛 그림자를 보았다. 맑은 강 표면은 마치 거울과 같아서 주변 풍경을 반영한 이미지를 만들어내고, 그 이미지는 잔물결이 이는 수면 위에서 작은 색 점으로 나타난다. 이러한 수면에 대한 관심은 훗날 지베르니의 연못으로 이어진다.

살롱 밖에서 새로운 길을 찾다

모네가 아르장퇴유에서 안정된 생활을 누리는 동안, 파리는 전후의 혼란에 휩싸여 있었다. 프랑스가 프로이센에 패하여 전쟁이 막을 내리면서 제2제정이 붕괴하고 새로운 정부가 들어섰다. 하지만 정부가 프로이센과 굴욕적인 강화조약을 맺는 것을 본 시민들은 분노했고, 1871년 노동자를 중심으로 한 파리 시민들이 자치 정부인 파리코뮌을 세웠다. 쿠르베는 여기에 가담하여 예술가협회장이 되었다. 그는 파리코뮌하에 미술계를 조직해야 한다고 생각했으며, 혼란한 상황에서 미술품들이 상하지 않도록 루브르미술관을 지켰다. 하지만 프랑스 정부는 프로이센과 연합군을 조직하여 파리코뮌을 무너뜨렸고, 파리코뮌의 지도자들 대부분이 총살형이나 징역형에 처해졌다. 쿠르베는 스위스로 망명을 떠났다. 그리고 모네를 비롯해 경제적으로 어려운 동료 화가들에게 도움을 주던 바지유는 전쟁 막바지에 있었던 소규모 교전 중에 사망했다. 동료들은 전쟁이 끝난 한참 후에야 이 소식을 듣게 되었다. 오로지 예술에 대한 열정으로 화가들을 돕던 바지유의 죽음과 정신적인 지주였던 쿠르베의 망명은 동료들에게 큰 상실감을 주었다.

프로이센·프랑스전쟁과 파리코뮌으로 어수선했던 파리는 이내 안정을 되찾아갔고, 오스만 프로젝트도 재개되었다. 파리에서 가까운 아르장퇴유는 곧 젊은 예술가들의 새로운 집합소가 되었다. 시슬레가 1874년에 이곳으로 이사 왔고, 마네와 르누아르도 자주 모네를 방문했다. 이들은 함께 스튜디오 보트를 타고 강을 오르내리

에두아르 마네, 〈스튜디오 보트 위의 모네〉

캔버스에 유채, 82.5×100.5cm, 1874, 노이에 피나코테크, 독일

스튜디오 보트를 타고 그림을 그리는 모네와 그를 따라 나온 카미유의 모습을 마네가 그린 것이다. 모네는 특히 물을 표현하는 데 관심이 많았기 때문에 스튜디오 보트에서 작업하는 것을 즐겼다. 가족, 동료와 야외에서 그림을 그리는 시간은 마치 소풍처럼 즐거웠을 것이다.

며 그림을 그리기도 하고, 젊은 예술가로서 앞으로 해나가야 할 일에 대해서 고민하기도 했다. 때로는 더 이상 만날 수 없는 친구 바지유를 그리워하기도 했다. 그러던 중 모네는 아르장퇴유에 가족들과 함께 요트를 타러 온 구스타브 카유보트를 만나게 된다.

카유보트는 가족 중에 법률가를 두기도 한 상류층의 젊은이였다. 그는 미술에 관심이 많아서 그림 보는 것을 즐길 뿐 아니라 스스로 화가가 되고 싶어 했다. 하지만 가족들은 그가 의사가 되기를 원했다. 이 대목에서 떠오르는 사람이 한 명 있다. 모네를 비롯한 가난한 화가들의 후원자이자 컬렉터였던 바지유다. 마치 바지유의 빈자리를 채우듯 카유보트가 나타났다. 그는 모네를 만나면서 포기하려던 그림을 다시 시작했다.

카유보트가 바지유와 닮은 점이 한 가지 더 있다. 자신의 작업실에 방문한 친구들의 일상적인 모습이나 도시 풍경을 사실적으로 그리는 것을 즐겼던 바지유처럼, 카유보트도 당시 프랑스, 특히 변화된 파리의 일상적인 모습을 그림에 담았다. 발코니에서 현대화된 거리를 내려다보는 사람들, 마루에 칠을 하는 노동자들 등이 그 예다. 카유보트는 모네와 교류하면서 동료 화가들을 만나게 되고 그들의 작품을 구입하기도 했다.

이 시절 모네에게는 마음을 함께하는 동료와 컬렉터, 화상이 있었기에 그의 삶은 이전보다 안정되었다. 하지만 여전히 갈증이 있었다. 그의 작품은 여전히 파리 미술계에서 비주류였고, 가족들을 풍족하게 부양할 만큼 경제적으로 좋은 형편도 아니었다. 그러던 중 1873년 살롱전에서 마네와 베르트 모리조를 제외한 다른 동료 작가들이 모두 낙선하는 상황이 벌어진다. 모네는 꼭 살롱전에서 입선하지 않더라도 좋은 작품일 수 있다는 것을 마네의 〈풀밭 위의 점심〉 사건을 통해 잘 알고 있었지만, 그럼에도 현실의 벽이 높다는 것을 다시 한번 깨닫지 않을 수 없었다. 그래서 모네와 동료들은 예전에 바지유가 했던 제안을 실행에 옮기기로 한다. 더 이상 살롱전에 기대지 말고, 뜻이 맞는 예술가들이 모여 자신들만의 전시를 열자는 것이다. 여기에는 심사위원도 낙선도 없다. 그저 함께 전시를 하고 서로 도와 작품을 팔아 현실적인 어려움을 해결하면서 세상에 자신들의 예술을 알리자는 생각이었다.

지금의 시각에서 보면 이것은 일정한 주제나 사회적 이슈를 제시하는 기획전이라기보다는 회원들끼리 함께하는 단체전이다. 대개 큐레이터가 중심이 되어 하나의 주제를 내세워 진행하는 전시를 기획전이라고 하는 반면, 특정 단체에 가입된 회원들이 단체 활동의 일환으로 여는 전시가 단체전이다. 출신 지역이나 학교 등의 공통점을 지닌 작가들이 모여 단체전을 열기도 한다. 이런 경우 작가들마다 다루는 주제와 특성이 다양하기 때문에 전시가 중구난방으로 보이는 경우가 많다. 모네와 젊은 작가들이 열고자 한 전시회도 마찬가지였다. 아직 기획전이라는 개념이 없을 때이기도 했고, 무명에 가까운 예술가들이 모여 뭔가 함께해보자는 목적이 더 강했기 때문이다. 실제로 이들은 전시에 앞서 자신들의 모임 이름을 '화가, 조각가, 판화가 무명예술가협회'라고 지었다.

이 긴 이름에서 분명한 것은 이들이 공통적으로 파리 미술계에서 비주류인 무명 예술가들이라는 것과, 화가뿐 아니라 조각가와 판화가도 포함하여 폭넓게 작가들을 영입하고자 했다는 점이다. 이들은 모네가 있는 아르장퇴유에 모여 전시를 함께할 예술가와 후원자 들을 섭외할 계획을 세웠고, 특히 정신적 지주인 마네가 함께하기를 바랐다. 하지만 살롱을 통한 사회적 성공을 중시한 마네는 이러한 시도 자체에 반대했다. 새로운 시도가 사회적으로 용인되기 힘들 뿐더러, 설사 성공한다 하더라도 살롱처럼 자리를 잡으려면 오래 걸릴 것이라고 생각했다. 냉소적인 마네와 달리 드가는 적극적으로 참여하고자 했다. 사실 드가는 마네마저 밖으로 나가 모네와 스튜디오 보트에서 그림을 그릴 때에도 실내에서 작업할 것을 고집했고 고전적인 회화의 특징을 거부하지 않았다. 그럼에도 그는 사회와 타협하지 않는 이런 시도를 긍정적으로 평가했으며, 능력 있는 화가로 떠오르던 모리조에게도 참여할 것을 권했다.

앞서 마네와 함께 살롱전에 당선된 작가로 언급한 모리조는 여성이다. 과거 미술사에서 여성 예술가가 없었던 것은 아니지만 숱한 여성의 누드가 미술관 벽을 채운 것에 비해 여성 화가가 그린 작품의 숫자는 현저히 적다. 게다가 여성이 남성과 함께 단체를 구성하는 일은 없었다. 마리 앙투아네트의 총애를 받던 엘리자베스 비제르브룅의 경우, 궁정화가로 활동했음에도 남성들에게 끊임없는 견제를 받았다. 그런데 인상주의자들은 여성을 회원으로 동등하게 받아들이고 함께 전시를 했다. 모리조는 바르비종파의 선구자격인 코로의 제자였고, 마네에게 모델을 서주면서 그의 영향을 받았다. 나중에는 마네의 동생과 결혼하면서 마네와 가족이 되기도 했다. 분명한 것은 모리조가 열정적인 화가였고, 여성임에도 당시 젊은 작가들과 함께 당당히 활동했다는 것이다. 모네 역시 모리조에게 그녀가 여자라는 이유만으로 공격을 퍼붓는 비평가들을 신경 쓰지 말라고 말해주었다. 모리조뿐 아니라 이후 수잔 발라동이나 미국 출신의 메리 커셋 등 여러 여성들이 인상주의 전시에 참여했다. 이는 지금만큼 개방적이지는 않더라도 최소한 당시의 통념을 깨는 젊은 작가들의 행보를 보여주는 것이기도 하다.

무명 예술가들은 친구인 사진가 나다르의 작업실을 전시회 장소로 빌렸다. 전시를 제대로 할 만한 공간이 많지 않고, 사람들이 쉽게 찾아올 수 있는 곳을 얻기는 더욱 쉽지 않았기 때문이다. 인물 초상 사진으로 대중적인 인기를 끌던 나다르는 파리 중심가에 위치한 두 개 층의 넓은 스튜디오를 쓰고 있었는데, 사실 그즈음에는 경제적인 어려움으로 인해 스튜디오를 거의 사용하지 못하는 상황이었다. 그럼에도 그는 흔쾌히 자신의 스튜디오를 빌려주었다. 이곳에서 무명 예술가들이 모여 첫 전시를 연 것은 의미가 있다. 무명 예술가들의 작품이 파리 미술계에 신선한 충격이었다면, 사진 역시 대중의 인기를 끈 지 얼마 되지 않았다는 점에서 새로운 문화라는 공통점이 있었다. 또한 앞서 모네의 작품이 광학과 색채 연구와 연결된다고 말했듯이, 당시 젊은 예술가들은 사진에 관심이 많았고 나다르 같은 작가와 돈독한 관계를 유지했다. 드가는 훗날 시력이 나빠져서 장시간 그림을 그리는 것이 힘들어지자 사진 작업을 하기도 했다.

중간에 이런저런 잡음이 있기는 했지만, '화가, 조각가, 판화가 무명예술가협회'의 첫 전시회는 1874년 4월 25일에 파리 카퓌신

첫 인상주의 전시가 열렸던 나다르의 스튜디오

사진가 나다르의 작업실 건물이 지금도 카퓌신 대로에 남아 있지만, 리모델링을 거쳐서 과거
와 완전히 같은 모습은 아니다. 샹젤리제 거리에서 그리 멀지 않은 이곳에 당시 사람들이 호
기심을 가지고 방문했을 것이다. 그들은 짐작이나 했을까? 자신들이 젊은 작가들을 비웃기
위해 혹은 격려하기 위해 들렀던 이곳이 훗날 역사적인 장소가 될 것을 말이다.

Capucines 대로에 있는 나다르의 스튜디오 2층에서 열렸다. 당시 나다르의 작업실 건물을 담은 흑백사진과 전시회 리플릿이 남아 있어서 이 이미지들을 단서로 그때의 모습을 머릿속에 그려볼 수 있다.

무명 예술가에서 인상주의자로

인상이라고 확신한다. 나도 그 작품(모네의 〈인상, 해돋이〉) 앞에서 인상을 받았으니까. 이 얼마나 자유롭고 쉬운 작업인가! 이 바다 풍경보다는 벽지 패턴을 위한 기초적인 드로잉이 더 완성도가 있겠다.

이 글은 저널리스트 루이 르루아가 '무명 예술가들'의 전시회를 보고 《르 샤리바리 Le Charivari》에 쓴 글이다. 그는 모네의 〈인상, 해돋이〉를 진정 '인상'밖에 없는, 그림의 기초도 되어 있지 않은 작품이라고 혹평했다. 그리고 모네뿐만 아니라 다른 작가들의 작품도 함께 비판하며 이들을 '인상주의자들'이라고 비꼬았다. 그러나 르루아가 붙인 '인상주의자'라는 명칭은 그간 스스로를 '무명 예술가'라 불렀던 이들을 지칭하는 역사적인 용어가 된다. 그가 살아생전에 이 사실을 알았다면 어떤 기분이 들었을까?

어쨌든 첫 전시회가 열릴 때는 아직 르루아가 인상주의라는 용어를 '창시'하기 전이기 때문에 이를 사용할 수는 없었고, 기존의 살롱전과는 다른 관점을 새롭게 제시한다는 점에서 독립이라는 뜻의 '앙

데팡당Indépendant'을 전시명으로 붙였다. 2회 전시회에서도 드가를 비롯한 몇몇 작가들이 미술계에 대한 반항의 의미가 너무 커 보인다는 이유로 '인상주의'라는 말의 사용을 반대했다. 이후에도 공식적으로 이름을 붙이지는 않았지만, 이들은 스스로를 '인상주의자'라고 칭하거나 다른 사람들로부터 공공연히 '인상주의자'로 불렸다.

인상주의를 탄생시킨 첫 전시회에는 서른 명의 작가들이 참여했다. 적극적으로 협회 결성과 전시 개최를 준비한 모네와 피사로, 드가뿐 아니라 르누아르, 모리조, 세잔 등이 함께했다. 또한 부댕, 장 루이 에르네스트 메소니에 등 이미 잘 알려진 화가들을 영입하기도 했다. 살롱전에 여러 번 출품했거나 이름 있는 작가들을 포함시킨 것은 대중들에게 아마추어 화가들의 전시라는 인상을 주지 않기 위해서였다. 여러 경우를 고민해야 했고, 작가 선정이나 홍보 등에서 어려움이 발생하기도 했다. 일이 잘 안 풀리자 모네는 잠시 르아브르에 가서 이 전시회를 대표하게 될 〈인상, 해돋이〉를 그려 오기도 했다. 이 모든 일들이 그저 예술에 대한 열정만으로 가능했던 것은 아니었다. 젊은 작가들은 자신들의 작품을 세상에 알리는 것과 동시에 경제적인 문제를 해결할 수 있기를 희망했다. 외부의 시선에 기대지 않고 직접 작품을 팔아 전업 작가로서 안정적인 삶을 이어가고자 했다. 그러기 위해서는 전시회를 통해 명성도 얻고 판매도 이루어져야 했다.

전시회 첫날에 200여 명의 관람객이 몰렸다. 이후 매일 100여 명 정도가 방문해서, 약 한 달의 전시 기간 동안 총 3,500명가량이 방문했다. 며칠 뒤 열린 살롱전보다는 적은 수였지만, 그래도 꽤 많은 사람들이 관심을 가졌다는 것을 알 수 있다. 하지만 호평보다는 비난과 악평이 난무했다. 예를 들어 모네의 풍경화는 덜 그려진 것 같다는 비판을, 세잔이 그린 여인의 모습은 흉측하다는 평가를 받았다. 모리조가 출품한 〈요람〉은 어머니가 아기를 바라보는 모습을 담고 있어서 그나마 나은 작품으로 평가받았지만, 상대적으로 그 옆에 걸린 세잔의 작품을 더 큰 웃음거리로 만들어버리는 역효과를 낳기도 했다.

서른 명의 작가들이 각 두세 점 이상씩 출품하여 총 165점이나 되는 작품을 전시해야 했기에, 이 중 100점이 넘는 작품들이 전시장 벽에 위아래 두 줄로 걸렸다. 이보다 더 많은 작품들을 한 벽에 거는 살롱전과 비교한다면 나름대로 관람객을 배려한 것일 수도 있지만, 지금의 미술관이나 박물관의 작품 배치를 떠올린다면 그다지 효과적인 방식이라고 생각되지는 않는다. 게다가 서로 다른 화가의 개성이 뚜렷한 작품들을 나란히 걸면 관람객들이 각 작품을 오롯이 감상하는 데 방해되지 않았을까? 이 전시회 역시 당시의 다른 전시처럼 입장료를 받았는데, 사람들은 마치 돈을 내고 신기한 물건을 구경하듯 그림을 관람하고 비웃었다.

언론 평가를 보면, 르루아 같은 보수주의자들은 악평을 쏟아내거나 무시했지만,《파리 주르날*Journal de Paris*》같은 진보 언론에서는 모네를 비롯한 신진 작가들의 작품을 새로운 '유파'의 출현으로 보기도 했다. 후자는 역사적 흐름을 정확히 파악한 언급이라고 할 수 있다. 그럼에도 마네의 예상처럼 결과는 좋지 않았다. 사람들의 관심을 끄는 것에는 성공했지만, 이는 오히려 살롱 작가들이 더 훌륭하

베르트 모리조, 〈요람〉 캔버스에 유채, 46×56cm, 1872, 오르세미술관, 프랑스
모리조의 언니인 에드마가 요람에 잠든 자신의 아기를 사랑스러운 눈길로 내려다보는 모습이
다. 모성은 모리조가 즐겨 다룬 주제였다. 그녀는 이 작품을 포함해 아홉 점의 그림을 첫 번째
인상주의 전시에 출품했다.

다는 인식을 강화시켰을 뿐이다. 판매 실적도 좋지 못했다. 시슬레가 가장 많은 그림을 판매했고 모네, 르누아르, 피사로를 제외한 다른 작가들은 거의 팔지 못했다. 피사로는 그림 몇 점을 팔았지만, 그것만으로는 가족의 생계를 책임질 수 없었기에 막막함을 느꼈다. 게다가 세잔은 혹평에 충격을 받아 고향으로 내려가버렸다. 그해 12월에 르누아르가 의장을 맡아 전시의 회계를 결산했는데, 협회원들이 모은 회비에 비해 전시에 사용한 돈은 너무나 컸고 수익은 미비했다. 결국 전시에 참여한 화가들이 저마다 일정 금액의 빚을 지게 되자 모든 회원들이 만장일치로 협회를 '해산'하기로 결정한다. 이로써 이들의 야심찬 첫 번째 시도는 사회라는 바위벽에 부딪힌 계란처럼 깨졌다.

당시 모네를 포함해 인상주의자라고 불린 이들의 상당수는 30대 혹은 40대였다. 이미 가정을 이루었거나 적어도 사회의 한 구성원으로서 자기 몫을 해야 하는 나이였다. 살롱으로 대표되는 미술 제도는 이들을 받아주지 않았고, 기성 사회에 편입되기 위해 자신들의 작품 세계를 버리는 것은 예술가로서 자존심이 허락하지 않았다. 그들은 자신이 옳다고 생각하는 그림을 그리기 위해 서로 뭉쳤던 것이다. 비록 당시의 보수적 시각에서는 쓸데없는 아집이라고 생각했겠지만, 역사는 인상주의자들이 옳았다는 것을 보여준다. 오늘날 우리가 모네를 인상주의자로 기억하는 것이 그 증거다.

첫 전시회가 기대한 성과를 얻지는 못했지만 비평가들은 점차 인상주의자들을 긍정적으로 바라보기 시작했고, 새롭게 등장한 현대 미술 경매에서도 이들의 작품에 대한 관심이 높아졌다. 모네는 〈인상, 해돋이〉를 비롯해 첫 전시에서 선보였던 작품들을 사업가이자 백화점 소유주였던 에르네스 오슈데에게 판매하기도 했다. 인상주의자들은 미술 시장에서도 사회적으로도 점점 존재감을 형성하고 있었지만, 그렇다고 형편이 나아지지는 않았다. 급격한 사업 확장으로 파산 지경에 이른 뒤랑뤼엘이 몇몇 작가들의 작품 대금을 갚지 못하게 되었기 때문이다. 그로 인해 모네도 파리에 있던 작업실을 처분하고 아르장퇴유에서도 조금 더 작은 집으로 이사해야만 했다.

비록 협회는 해체되었어도 뜻이 맞는 이들끼리 활동을 이어나가자고 생각한 스무 명의 작가들은 2년이 지난 1876년에 뒤랑뤼엘의 갤러리에서 두 번째 전시회를 열었다. 이들은 1870년 프로이센·프랑스전쟁 때 스물아홉 살의 젊은 나이로 세상을 떠난 바지유를 추모하는 뜻에서 그의 작품을 함께 전시했다. 이 전시회에 모네는 〈일본 여인(기모노를 입은 카미유 모네)〉을, 카유보트는 〈마룻바닥에 대패질하는 사람들〉을 출품했다. 이때부터 카유보트는 더욱 적극적으로 인상주의 활동에 합류한다. 화가로서의 재능뿐만 아니라 재력도 있던 그는 경제적인 문제로 힘들어하는 동료들에게 도움을 주기도 했다. 다음 해인 1877년에 열린 세 번째 전시회의 기획과 후원 역시 그가 맡았다. 이 전시회에 참여한 작가들이 처음으로 스스로를 인상주의자 그룹이라고 언급한다. 이전보다 적은 열여덟 명의 화가들이 참여했지만, 모네의 〈생라자르역〉 연작과 르누아르의 〈물랭 드라 갈레트의 무도회〉 등 미술사에서 중요한 작품들이 이 전시회에서 처음 선보였다.

이후의 인상주의 전시는 협회가 아닌 카유보트나 드가, 뒤랑뤼엘

같은 개인이 의지를 가지고 이끌어갈 때만 성사되었다. 전시회를 여는 데 들어가는 자금이 적지 않았기 때문에 참여할 작가들을 구성하고 설득하는 것이 쉽지 않았다. 그럼에도 1879년에 열린 네 번째 전시회에는 관람객이 1만 5,000명이나 들면서 인상주의자들에 대한 인지도가 점차 높아졌다.

모네는 첫 전시회를 의욕적으로 기획했던 만큼 이후의 전시에도 함께했지만, 1880년과 1881년에는 참여하지 않았다. 그 배경에는 여러 이유가 있었지만, 이 두 전시회에서 드가와 카유보트 간의 의견 충돌이 있었고 모네 개인적으로도 전시에 집중할 수 있는 상황이 아니었다. 아내 카미유가 세상을 떠나고, 동거 중이던 알리스와의 관계에 대한 추문이 암암리에 번지고 있었기 때문이다. 그는 이 일로 드가와 크게 싸우기도 했다.

그래도 1882년의 일곱 번째 전시회에는 모네가 친구들과 가족의 성화에 못 이겨 출품했다. 하지만 결국 인상주의자들은 점차 커지는 의견 차를 좁히지 못하고 1886년 여덟 번째 전시회를 마지막으로 더 이상 전시를 열지 않았다. 하지만 성과가 없었던 것은 아니다. 전시가 이루어진 10년 정도의 기간 동안 모네와 동료들은 인상주의자라는 이름을 얻었고, 살롱과 경직된 제도에 대항하는 도전적인 예술가로서 입지를 굳혔다. 기성 제도의 인정에 목말라하지 않고 새로운 길을 만들어간 인상주의자들은 예술적 공통점을 넘어서 그 활동 자체만으로도 혁신적이었다.

유행을 담은 그림

모네의 삶을 쫓다 보면 자연스럽게 당시 프랑스와 유럽의 상황에 관심을 갖게 된다. 19세기 말, 세계는 이전보다 엄청나게 빠른 속도로 변화하고 있었다. 오물이 역류하던 파리의 거리는 말끔해졌고, 기차를 타면 방 안에 앉아 있는 것처럼 편하게 다른 지역으로 이동할 수 있었으며, 아프리카와 아시아에서 들어온 신기한 물건들이 사람들을 설레게 했다. 급변하는 사회를 마주한 당시 사람들의 심정이 오늘날 우리와 그리 다르지 않을 것 같다는 생각이 든다.

의사나 변호사 같은 전문직이나 상업으로 부유해진 파리지앵들은 과거 귀족 문화를 동경하면서 새로운 상류층 문화를 만들고 싶어 했다. 특히 노동자들이 가득한 도시를 떠나 자연으로 가서 여가를 보내는 것이 그들만의 새로운 사교 문화였다. 그래서 신흥 중산층들은 바르비종파 화가들의 아름다운 풍경화에 끌렸고, 이어서 인상주의에 관심을 갖게 되었다. 이러한 취향 변화는 뒤랑뤼엘 등 이 시기에 등장한 화상들의 역할 덕분이기도 했다.

당시 중산층의 유행을 반영한 듯, 모네는 흰 드레스를 입고 여가를 즐기는 여인의 모습을 많이 그렸다. 그중 잘 알려진 〈산책, 양산을 든 여인〉을 보면, 흡사 날씨 좋은 날 가족과 나들이를 가서 찍은 스냅사진처럼 보인다. 의도하거나 꾸미기보다 마치 "여기 좀 봐!"라고 불러 세운 뒤 사진을 찍은 듯한 느낌이다.

이렇게 찰나의 순간을 포착하는 것은 인상주의자들의 작품에 공통적으로 드러나는 특성이며, 연극적으로 화면을 구성했던 고전적

〈산책, 양산을 든 여인〉 캔버스에 유채, 100×81cm, 1875, 워싱턴 국립미술관, 미국
화창한 낮에 흰 드레스를 입고 양산을 든 카미유와 작은 모자를 쓴 장을 아래에서 올려다본
각도로 묘사했다. 뒤에서 비추는 강한 햇빛 때문에 인물의 세부 묘사는 생략되어 있지만, 옷
깃과 풀이 바람에 흔들리는 모습이 빛과 그림자의 대비와 함께 잘 드러난다. 모네 특유의 빠
르고 짧은 터치로 포착한 풍경이다.

인 그림들과 차이를 두는 방식이기도 하다. 오래된 사진관에 가서 가족사진을 찍는다고 상상해보자. 부모가 다소 근엄한 표정으로 가운데에 앉아 카메라를 응시하고 아이들은 그 주변에 서서 부모의 어깨에 손을 얹거나 하는 자세를 취할 것이다. 그에 반해 가족들이 여행을 가서 자연스럽게 노는 모습을 찍는다면, 수시로 셔터를 눌러가면서 즐거워 보이는 순간들을 포착하려고 할 것이다. 몇몇 인상주의자들은 이러한 스냅사진 같은 효과를 그림으로 남기기를 원했다. 그들의 그림 속에 어떤 상징적 의미나 메시지는 없다. 가족과 여행 사진을 찍는 데 온갖 상징적 장치를 동원하지는 않듯 말이다.

그때의 사진술로는 지금처럼 빠르게 흘러가는 순간을 담을 수 없었지만, 일상의 한 컷을 찍는 것은 가능했다. 특히 인물 사진은 초상화보다 더 빠르고 사실적이었으므로 대중적으로 높은 인기를 얻었다. 이렇듯 사진의 발달은 인상주의 작품의 특징을 설명하는 데 빼놓을 수 없는 부분이다. 어찌 보면 인상주의자들은 당시 파리에서 유행하는 것들에 민감했고 그것을 재빠르게 자신들만의 방식으로 그림에 담았다고 볼 수 있다. 그들의 예민한 감수성에 비해 대중들이 그림에 갖고 있던 선입견이 빠르게 바뀌지 못했을 뿐이다.

모네는 자신이 머무르는 곳에서 본 것들을 마치 기록처럼 남겼는데, 아르장퇴유에 살면서도 수시로 파리를 오가며 도시의 인상과 분위기를 담아냈다. 새로운 제도와 문물, 미래에 대한 막연한 희망과 기쁨에 넘쳐나는 곳이 19세기의 파리였다. 그 뒤에는 어두운 그림자가 드리워져 있기도 했지만, 파리지앵들은 눈앞의 찬란함을 쫓아가기에 바빴고 모네와 인상주의자들 역시 그러한 기대감을 눈에

보이는 대로 그렸다. 〈생라자르역〉 연작도 그 연장선상에 있는 작품이다.

내일을 향한 증기기관차

생라자르역은 프랑스에 증기기관차가 들어오면서 1837년에 최초로 생긴 기차역이다. 당시 파리 사람들은 생라자르역과 그곳에 당도한 기차를 보고 어떤 생각을 했을까? 연기를 내뿜고 큰 소리를 내는 무쇠 마차의 모습에 위압감을 느꼈을까, 아니면 미지의 세계로 데려다줄 마법의 상자라고 여겼을까? 지금이야 다양한 기계음을 항상 듣고 지내니 거의 인식하지 못하지만, 과거 사람들에게 기차 소리는 어디에서도 들어보지 못한 거대한 소음이었다. 기차가 내는 속도 역시 여태껏 경험해보지 못한 것이었으니 증기기관차에 대한 사람들의 호기심과 기대는 컸다. 푹신한 소파와 테이블까지 갖춘 여러 개의 방들이 동시에 움직이는 형태의 이 새로운 대중교통 수단은 약 스무 명이 한 대에 매달리다시피 타야 하는 비좁은 승

〈1878년 6월 30일, 축제가 열린 파리의 몽토르게이 거리〉

캔버스에 유채, 81×50.5cm, 1878, 오르세미술관, 프랑스

만국박람회 폐막일에 거리에서 프랑스 국기인 삼색기가 나부끼는 장면이다. 삼색기는 자유·평등·박애라는 프랑스의 혁명 정신과 근대 시민 국가의 탄생을 상징한다. 삼색기로 가득한 거리에 사람들이 쏟아져 나온 모습이 마치 도시 전체가 축제 분위기에 휩싸여 환호성을 내지르는 듯한 느낌을 준다.

합마차인 옴니버스와 비교할 수 없이 편리하고 아늑했다. 1880년대에는 프랑스의 철도가 핏줄처럼 전국을 연결했고, 이에 맞춰 프랑스 전역의 관광지를 소개하는 책이 발간되었다.

누구보다 유행에 민감했던 모네 역시 생라자르역의 기차에 매료되었다. 그는 화가의 꿈을 안고 파리로 향할 때는 물론, 노르망디 지역을 여행하며 그림을 그리거나 아르장퇴유와 지베르니 등에 터를 두고 파리를 오갈 때에도 항상 생라자르역을 경유해야 했다. 덕분에 생라자르역과 기차는 자연스럽게 모네 삶의 일부이자 새로운 영감의 원천이 되었다.

물론 모네뿐만 아니라 여러 작가들이 철골로 된 생라자르 역사와 증기를 뿜는 기차를 그림의 소재로 삼았지만, 대부분 기차와 역이 내려다보이는 모습을 도시 풍경의 일부로 다룰 뿐이었다. 그러나 모네는 그들과 다른 관점에서 증기기관차를 그리고자 했다. 그러기 위해서는 역 안으로 들어가야 했고, 1877년에 역장에게 부탁해 역사에서 작업할 수 있도록 허락을 받았다. 역장이 본래 미술에 관심이 많아서 모네를 알고 있었다는 이야기가 있지만, 역장이 설득당한 데에는 모네의 말솜씨도 한몫했다. 주저하던 역장에게 모네는 자신이 혁신적인 그림을 그릴 예정인데 북역을 그릴지 서역(생라자르역)을 그릴지 고민 중이라고 했다. 그러자 역장이 북역에 명예를 빼앗기기 싫어서 허락했다는 이야기다. 결과적으로 역장의 판단은 옳았다. 생라자르역이 미술사에 한 획을 그은 작품으로 남게 되었으니 말이다.

역장은 모네에게 그저 역사 안에서 작업할 수 있도록 허가만 내어준 것이 아니다. 그는 적극적으로 플랫폼에서 사람들을 내보내고 역사 안에 있는 기차들이 일제히 증기를 뿜어 올리도록 했다. 철골 지붕 아래 기차들이 서 있고 그 위로 모든 기차의 증기와 연기가 동시에 올라가는 모습은 장관이었을 것이다. 모네는 바로 이렇게 금방 사라져버리지만 분명히 존재하는 것에 주목했다. 구름처럼 하얗게 품어져 나오는 증기는 찰나의 인상이면서 동시에 증기기관차의 본질이다. 증기가 나온다는 것은 기차가 움직인다는 것이고, 이는 곧 생라자르역의 활기를 의미한다.

모네는 기회를 알차게 활용하여 수많은 크로키와 10여 점의 유화를 그렸다. 역사 안 이곳저곳을 돌아다니며 일반 탑승객에게는 허락되지 않은 모습들을 관찰하여 그렸다. 그가 남긴 다양한 장면들은 요즘으로 치면 역 구석구석을 소개하는 사진 같기도 하다. 한 자리에 오래 서서 대상을 사실적으로 세밀하게 그리는 것이 아니라, 빠른 붓질로 증기가 뿜어져 나올 때의 분위기와 뿌옇게 흐려지는 형상들을 짧은 시간에 그렸다. 그에게는 기차라는 신문물과 현대적인 모습의 역사보다 증기라는 기체가 만들어내는 불확실한 인상을 표현하는 것이 중요했다. 즉, 모네의 그림은 생라자르역의 풍경이 아니라 증기의 인상을 담은 것에 더 가깝다. 기관차의 굴뚝에서 빠져나와 빠르게 공중으로 퍼지는 증기는 햇빛이 어떻게 들어오느냐에 따라, 철골 지붕의 구조에 따라, 모양과 색이 달라진다. 하지만 이러한 변화는 너무나 순식간에 일어나서 당시의 사진술로도 포착할 수 없었다. 특히 당시는 색을 담을 수 없는 흑백사진의 시대였다. 따라서 모네의 방식만이 증기가 만들어내는, 이전에 경험해보

〈생라자르역〉 캔버스에 유채, 75.5×104cm, 1877, 오르세미술관, 프랑스

모네가 그린 것은 우리의 고정관념 속에 있는 검은 기차와 하얀 증기가 아니다. 기차와 역사는

연기로 흐릿해져 회색이나 갈색빛을 띠고, 증기는 푸르거나 누런색으로 표현되었다. 이 모든
것은 모네가 상상해서 변형한 것이 아니라, 그의 눈앞에 보이는 대로 빠르게 캔버스에 옮긴 것
이다.

지 못한 분위기를 잡아두고 지속적으로 사람들과 공유할 수 있는 방식이었다.

허락된 시간 안에 역의 다양한 모습을 담아야 했기에 모네는 생라자르역을 빠르게 여러 점으로 그렸다. 그 결과 이 그림들은 그가 그린 최초의 연작이 되었다. 이후 모네는 한 가지 대상을 정하고 그것의 다양한 모습을 담는 연작을 지속적으로 시도했다. 그에게 〈생라자르역〉 연작 속 증기기관차는 자신이 처한 시대의 생생한 풍경이자, 자신이 만들어나갈 예술 세계를 향한 또 하나의 출발점이기도 하다.

생라자르역은 철도 노선이 급격하게 늘어나면서 모네가 연작을 그린 후 몇 년이 지난 1886년에 증축되었다. 지금은 당시에 없던 고속철도가 다니기도 해서 더욱 현대적으로 변했지만, 모네의 그림 속 철골로 된 뾰족한 삼각 지붕은 여전히 그대로다. 그가 작품에 그려 넣지는 않았지만, 생라자르역의 정문 역시 원형을 그대로 유지하고 있다. 지금도 누군가는 모네처럼 생라자르역을 통해 처음 파리로 들어올 것이고, 누군가는 이곳을 거쳐 과거의 파리지앵들처럼 노르망디로 떠날 것이다. 그렇게 생라자르역은 과거의 기억을 간직하면서도 활기찬 오늘을 만들어가는 장소다.

생라자르역의 철골 지붕을 바라보며, 사랑하는 아내 카미유와 아들 장을 위해 윤택한 삶을 마련해주고 싶은 가장이자 자신만의 예술을 꿈꾸며 정신없이 그림을 그리는 화가였던 모네를 떠올려보았다. 그는 자신의 삶과 예술의 기반을 닦느라 분주한 30대를 보냈고, 그 와중에 전쟁으로 인한 혼란과 친구의 죽음을 겪었다. 댄디로서

오늘날의 생라자르역

생라자르역에는 예전보다 더 많은 사람들이 오가고 과거에 없던 고속철도와 지하철도 다닌다. 비록 더 이상 증기를 볼 수는 없지만, 역사는 모네가 그림을 그리던 때의 모습을 간직하고 있다. 외관을 그대로 유지한 채 내부와 지하 공간을 변화시킨 모습에서 과거와 현대의 조화가 느껴진다.

자존심을 지키면서 이런 상황을 헤쳐나가고자 분투한 모네의 마음이 조금이나마 이해되었다.

특히 〈생라자르역〉 연작을 그릴 때, 모네는 경제적인 사정이 어려워지면서 아르장퇴유를 떠나 파리에 잠시 머물고 있었다. 그의 작품을 사주던 오슈데는 사업이 잘되지 않는다며 자신이 샀던 작품 몇 점을 도로 사 가라고 제안했고, 뒤랑뤼엘 역시 모네에게 돈을 대 줄 수 있는 형편이 아니었다. 게다가 둘째를 임신한 카미유가 병을 얻으면서 상황은 더욱 우울해졌다. 그토록 힘든 시간이었지만 모네는 또 붓을 들었다. 그러고 보면 모네가 붓을 놓은 시기는 거의 없었다. 인생에서 어떤 기쁘거나 슬픈 일이 닥쳐도 그는 당연한 듯 계속해서 그림을 그렸다. 그런 그의 인생에 또 한 번의 변화가 다가오고 있었다.

사진술의 발달

사진술은 철골과 유리로 된 건축물, 전깃불, 자동차 등과 함께 19세기에 대중적으로 관심을 얻게 된 것 중 하나다. 하지만 사진술이 증기기관차처럼 이때 처음 등장한 것은 아니다. 이미 중국에서는 2000년 전부터 사진의 원형인 카메라 옵스큐라의 원리를 알았고, 그리스의 철학자 아리스토텔레스도 아라비아 상인의 이야기를 들어 이 원리를 설명했다. 카메라 옵스큐라는 어두운 방 혹은 상자에 작은 구멍을 뚫어서 그 구멍을 통과해 들어오는 빛으로 방 혹은 상자에 이미지가 생기게 하는 방식이다. 르네상스 시기 많은 화가들이 그림을 그릴 때 사용했으며, 오락용으로 이용하기도 했다. 다만 지금 우리가 생각하는 것처럼 이미지가 기계적으로 단숨에 고정되지는 않았다. 오늘날의 사진은 오랜 기간 화학적, 기계적 요소들이 발전하고 결합하여 이루어진 것이다. 필름도 아닌 디지털 카메라에 이르면 19세기에 사진을 찍는 방식과의 차이가 더욱 커진다. 이렇듯 짧고도 긴 사진술의 역사를 여기서 다 설명하고 이해하는 것은 쉽지 않다. 그럼에도 인상주의 회화를 말

루이 자크 망데 다게르, 〈탕플 거리〉, 1838

펠릭스 나다르, 〈프랑스 여배우 사라 베르나르의 사진〉, c. 1864

할 때 사진술을 빼놓을 수는 없기 때문에, 두 사진작가를 통해 19세기 사진술의 한 측면을 들여다보고자 한다. 두 사람은 다게레오타입을 만든 루이 다게르 그리고 인상주의 화가들과 긴밀한 교류를 했던 나다르다.

오페라하우스의 무대 장식 일을 했던 다게르는 화학자 조제프 니세포르 니엡스와 함께 카메라 옵스큐라의 이미지를 은판에 고착시키는 방법을 연구하여, 이 새로운 기술에 다게레오타입이라는 이름을 붙였다. 1839년 프랑스 과학 아카데미에서 다게레오타입이 공표되면서 다게르는 공식적인 사진 발명가가 된다. 하지만 초기 다게레오타입은 노출 시간이 20~30분 정도여서 움직이는 대상은 흐리게 나오고 정지해 있는 건축물이나 나무 등만 제대로 촬영될 수 있었다. 여러 장을 인화할 수 없어 한 장의 사진만 얻을 수 있다는 단점도 있었다. 이후 거듭되는 연구로 노출 시간이 단축되기는 하지만, 여전히 긴 노출 시간 때문에 인물들의 모습이 경직되었다. 그래서 보들레르는 다게르의 초상 사진이 인간의 추한 부분까지 보여준다고 비판했다. 반면 보들레르는 다게르보다 늦게 시작했지만 초상 사진으로 명성을 얻은 나다르의 작업은 높이 평가했다. 그는 나다르의 사진이 "세밀하면서도 데생과 같은 은은한 분위기를 지닌 인물 사진"이라고 했다. 나다르가 찍은 보들레르의 사진도 다섯 장가량 된다.

어떤 점에서 보들레르는 나다르의 사진이 특별하다고 생각했을까? 당시 다른 초상 사진가들이 단지 기계적으로 인물을 촬영했다면, 나다르는 조명과 의상부터 인물의 표정과 자세까지 연출하여 마치 고전적인 인물화처럼 표현했다. 그러자면 대상이 되는 인물과 사진작가의 교감이 중요해진다. 이는 카메라가 같더라도 사진을 찍는 사람에 따라 다른 사진이 나올 수 있다는 오늘날의 생각과도 일치한다.

다게르가 무대 디자인을 했다면, 나다르는 그림을 배우고 캐리커처를 그리면서 사진술을 익혔다. 나다르는 시대상을 읽고 풍자하는 것을 즐겼고, 다른 한편으로 사람들이 좋아하는 것이 무엇인지를 잘 파악했다. 풍자화와 사진을 글과 함께 신문에 싣기도 했다. 그는 새로운 사진을 찍기 위한 모험을 즐겼는데, 1886년 파리 만국박람회 때 10여 명의 사람들을 열기구에 태우고 올라가 최초의 항공사진을 촬영하거나, 인공조명을 활용하여 파리의 지하 묘지와 하수도를 찍기도 했다. 이런 색다른 시도와 회화적인 초상 사진은 대중의 관심을 끌기에 충분했다. 이후 다양한 사진작가들이 등장하고 기술이 발전하면서 사진은 20세기의 가장 인기 있는 대중예술이 된다. 회화는 사진과 경쟁하기도 하고 그에 영향을 받기도 하면서 새로운 국면을 맞는데, 그 변화의 시작에 놓인 것이 바로 인상주의 회화였다.

04

정오

두 번의 죽음을 넘어서

새로운 후원자 오슈데 부부와의 만남

하루 중 정오는 긴장 혹은 설렘으로 시작한 오전을 무사히 보낸 것에 안도하며 이어지는 오후를 위한 에너지를 만드는 시간이다. 그렇다면 인생에서 정오는 언제일까? 사람마다 다르겠지만, 모네에게 정오는 인상주의자로서 확실한 방향성을 갖게 된 동시에 새로운 가족을 만나게 된 시점이 아닐까 싶다. 인생의 오전에 그가 화가로서 그리고 한 인간으로서 살아갈 기반을 만들었다면, 인생의 오후를 앞둔 1870년대 말의 몇 년은 그의 인생에서 큰 전환이 이루어진 고비였다. 그 전환의 시작점에서 모네는 새로운 후원자인 오슈데 부부를 만난다.

모네는 마네의 소개로 그의 친구 에르네스 오슈데를 처음 만났다. 에르네스는 사업가 집안의 아들로, 아버지로부터 가업을 물려받았다. 그의 아내 알리스 역시 부유한 벨기에 출신 사업가의 딸이었다. 이 부부는 알리스가 아버지에게서 유산으로 물려받은 몽주롱

Montgeron의 로탕부르Rottembourg성으로 지인들을 초대하여 파티를 여는 등 화려한 생활을 즐겼다. 특히 알리스는 그림 모으는 것을 좋아했다. 처음에는 바르비종파의 작품을 모으다가 마네로부터 모네를 소개받은 후로는 인상주의 작품을 열성적으로 모았다. 그중에는 모네가 첫 인상주의 전시회에서 선보인 작품들도 있었다.

어느 날 에르네스는 모네에게 로탕부르성을 장식할 그림을 그려달라고 요청한다. 마침 모네는 아르장퇴유에서의 생활이 어려워져서 이사를 해야 하는 처지였으므로, 목돈을 마련할 수 있는 주문이 더할 나위 없이 반가웠을 것이다. 1876년 여름과 가을에 그는 카미유와 장을 아르장퇴유에 남겨두고 홀로 로탕부르성에 머물며 정원의 칠면조, 장미, 연못 등을 그렸다.

벽을 장식하기 위한 목적으로 꽤 큰 작품들을 그렸고, 그만큼 시간이 오래 걸렸다. 하지만 정작 작품을 주문한 에르네스는 로탕부르성에 자주 오지 못했다. 모네에게 그림을 주문하고 머지않아 사업이 어려워지자 파리에 머무르면서 기울어가는 사업을 일으켜야 했기 때문이다. 모네 역시 오랫동안 집을 떠나 있었기에 아르장퇴유에 있는 가족에 대한 걱정이 컸다. 그런데 이들을 바라보는 사람들의 관심사는 조금 달랐다. 여자와 아이들만 있는 성에 외간 남자가 들어가서 몇 달을 산다는 것이 호사가들의 눈에 그리 좋게 보일리 없었다. 실제 몇몇 글에서는 이때부터 알리스와 모네 사이에 서로를 향한 애정이 싹트기 시작했다고 보기도 한다.

<칠면조> 캔버스에 유채, 174×172.5cm, 1876, 오르세미술관, 프랑스

이 작품은 독특한 화면 구성을 취하고 있다. 앞쪽에 보이는 칠면조의 몸은 화면 밖으로 잘려
나갔고, 정작 주인공이어야 할 로탕부르성은 저 멀리 작게 표현되었다. 이는 모네가 자신의 눈
에 실제 보이는 장면 그대로 그렸기 때문이다.

〈**몽주롱 오슈데 정원에 핀 장미**〉 캔버스에 유채, 172×192cm, 1877, 에르미타주미술관, 러시아
〈칠면조〉와 마찬가지로 이 그림도 크게 연출하지 않고 눈에 보이는 대로 그린 듯 자연스럽다.
실제 자연에서 보이는 빛과 인위적이지 않은 배치는 모네가 늘 추구했던 회화에 대한 신념이
었고, 그가 생각하는 진실한 실재였다.

사랑을 잃고 붓을 들다

더 이상 오슈데 부부에게 기댈 수 없게 된 모네는 약간의 자금을 마련한 뒤 파리로 가서 〈생라자르역〉 연작에 몰두한다. 결과적으로 모네의 판단은 옳았던 것 같다. 증기기관차와 기차역이라는 당시 가장 현대적인 삶을 담은 그림들을 본 뒤랑뤼엘은 자금 사정이 넉넉지 않았음에도 불구하고 미래 가치를 생각해 연작을 모두 구입했다. 이렇게 여윳돈이 생긴 모네는 생드니Saint-Denis 거리에 집을 빌려 호화로운 파리 생활을 잠시 누렸다. 그는 미래를 생각해 착실하게 돈을 모으기보다는 댄디로서의 삶을 유지하기 위해 당장의 생활수준을 높이는 데 급급했다. 이러한 면에서 모네는 그다지 성실하지 않았던 것 같다. 당시 세잔이 모네를 돈을 밝히는 사람이라고 생각한 것도 이와 무관하지 않을 것이다. 그는 작품 활동에만 전념하는 자신과 달리, 모네는 그림을 조금이라도 더 비싼 가격에 더 많이 팔기 위해서 끊임없이 전시회를 연다고 생각했다.

그다지 경제적 기반이 탄탄하지 않았던 모네에게 생드니에서 보낸 몇 달간의 생활은 별다른 소득 없이 끝나고 말았다. 결국 그는 파리의 집을 처분하고 다시 아르장퇴유에 머물게 되는데, 나쁜 일은 겹치는 법인지 둘째 아이를 임신한 카미유의 몸 상태가 나빠졌다. 카미유의 병세는 점차 깊어져서 치료비가 많이 들었고, 그간 돈을 다 써버린 모네가 감당할 수 있는 수준이 아니었다. 하지만 그는 카미유의 치료를 위해서는 파리에 있어야 한다고 생각해 마네와 카유보트 같은 친구들에게 돈을 빌려 1878년 1월 파리의 몽세Moncey가에 집을 구한다. 이때 아르장퇴유를 떠나며 그간 밀린 집세를 내지 못할 정도로 돈이 없었던 그는 결국 집세를 대신하여 〈풀밭 위의 점심〉을 집주인에게 건넨다.

그해 3월, 카미유가 둘째 아들 미셸을 출산했다. 카미유의 건강은 출산 후 더욱 악화되었고, 모네는 아픈 아내와 함께 두 명의 아들을 돌봐야 하는 상황이 답답하게만 느껴졌다. 여유 있는 삶을 꿈꾸었던 그의 바람은 쉽사리 이루어지지 않았다. 그러다 모네 가족은 우연히 베퇴유라는 곳으로 가게 된다. 베퇴유는 파리에서 차로 가기에는 멀지 않지만, 기차가 연결되어 있지 않아 사람들의 발길이 많이 닿지 않는 작은 마을이다. 그래서 아르장퇴유와 달리 이곳에서 파리로 나가기 위해서는 많은 불편을 감수해야 했다. 모네는 지인들에게 아름다운 풍경 때문에 베퇴유로 간다고 말했지만 실은 생활비를 아끼고자 하는 현실적인 이유가 컸을 것이다.

모네가 이렇게 힘든 시간을 보내던 때, 오슈데 가족에게도 큰 시련이 몰아쳤다. 로탕부르성에서 화려한 파티를 즐기고 주변 부동산을 사들이며 무리하게 사업을 확장하던 에르네스가 경제 불황에 부딪히면서 빌린 돈을 갚지 못하는 상황에 처한다. 그는 빚 독촉을 피해 벨기에로 도망쳐버렸고, 아이들과 함께 남겨진 알리스는 만삭의 몸으로 친정 식구가 있는 스페인으로 가다가 기차 안에서 막내아들 장피에르를 출산한다. 그녀는 아이들을 위해서라도 어떻게든 이 상황을 해결해야 했다. 우선은 빚을 갚기 위해서 친정의 도움을 받아 재산을 처분하고 약간의 현금을 쥘 수 있었다. 하지만 그 돈으로는 그간 유지해오던 생활은커녕 집 한 채 장만하기도 힘들었다. 결국 갈 곳이 없어진 알리스는 아이들을 데리고 모네가 있던 베퇴유로 갔다. 과거에 아무리 돈독한 화가와 후원자 사이였다고 하더라도 알리스가 여섯 명이나 되는 아이들과 함께 모네의 집을 찾은 것은 쉽사리 이해되지 않는다. 그래서 많은 이들이 로탕부르성에 머물던 때부터 모네와 알리스의 사이가 깊었을 거라고 추측하기도 한다.

모네가 처음 베퇴유에서 구한 집은 알리스의 가족들까지 함께 살기에는 너무 좁았기에 더 넓은 집이 필요했다. 새롭게 마련한 집은 외벽이 황토색이어서 일명 '황토집'으로 불리는데, 지금도 외형이 그대로 남아 있다. 이곳에서 알리스는 자신의 아이들과 함께 모네의 두 아들을 정성껏 돌보고, 병으로 누워 있는 카미유도 간호했다. 이쯤 되면 집안 분위기가 그리 편치만은 않았을 거라 짐작할 수 있다. 만약 정말로 모네와 알리스의 사이가 깊어서 모네가 갈 곳이 없는 알리스를 자신의 집에 오게 한 것이라면 더욱 불편한 상황이다.

하지만 카미유는 병석에 누워 있는 자신을 대신해 갓 태어난 둘째 아이를 돌봐주고 자신도 간호해주는 알리스에게 미움보다는 고마움이 컸던 것 같다. 에르네스도 가끔 집에 들러서 자신이 모은 돈을 주고 가기도 했다. 모네가 그림을 많이 팔 때는 괜찮았지만, 그러지 못할 때는 에르네스가 벌어온 돈으로 집세와 카미유의 치료비를 내기도 했다. 두 가족의 이 기묘한 동거는 사실상 불가피한 현실적 선택이었다. 어린 아들과 병든 아내가 있는 모네, 남편은 도망자 신세이고 본인과 여섯 명이나 되는 아이들은 갈 곳조차 없는 상황에 처한 알리스, 이들이 함께 만든 가족은 적어도 이 시기에는 서로에게 의지가 되었을 것이다. 그러나 이 아슬아슬한 균형은 오래가지 못했다. 어느 날 자궁암과 사투를 벌이던 카미유가 엄청난 고통 속에서 통증과 추위를 잊기 위해 마신 증류주로 인해 혼수상태에 빠지더니 며칠 뒤 세상을 떠났다. 그녀의 나이 서른두 살이었다.

모네는 미친 듯이 울었다. 카미유는 모네에게 뮤즈이자, 아버지의 말을 거역할 만큼 사랑하는 사람이었다. 모네가 화가로서 입지를 굳히는 데 열중하느라 그녀에게 잠시 소홀했을지는 몰라도, 두 사람은 그 누구도 알 수 없는 둘만의 기억을 간직한 동반자였다. 죽기 몇 달 전부터는 돈이 없어서 치료도 받을 수 없는 카미유에게 모네는 큰 죄책감을 느꼈다. 결국 그는 사랑하는 사람이 세상을 떠나는 모습을 그저 속수무책으로 바라볼 수밖에 없었다. 그리고 그 순간마저 그림으로 남겼다. 자신의 행동에 대해 모네는 친구인 조르주 클레망소에게 보낸 편지에서 이렇게 적었다.

어느 날 무척 사랑했던 사람이 죽어가는 침대 옆에서, 더 이상 움직이지 않는 그의 얼굴에 시선을 고정하고, 점점 죽음이 드리워지면서 창백해지는 모습을 관찰하고 있다는 사실을 깨닫고 놀랐습니다. 푸른색과 노란색 그리고 회색의 색들을 보면서 도대체 나는 무슨 생각을 했던 걸까요? 어쩌면 우리의 곁을 영원히 떠나려고 하는 사람의 마지막 순간을 그리고자 하는 것은 자연스러운 일일지 모릅니다.

모네는 사랑하는 사람의 죽음 앞에서 붓을 잡은 것이 스스로도 당황스러운 한편, 생명의 불꽃이 꺼져가는 그녀의 모습을 붙잡고 싶은 심정이었음을 고백한다. 카미유와 함께 바다에 갔을 때, 아르

〈임종한 카미유 모네〉 캔버스에 유채, 90×68cm, 1879, 오르세미술관, 프랑스
카미유를 잃은 모네의 슬픔이 얼마나 컸는지 그림을 통해 짐작할 수 있다. 다른 작품에서는
볼 수 없는 회색조와 청색조의 화면 위로 붓질이 갈라지듯 거칠게 움직인다. 인간의 감정보다
는 대상을 둘러싼 빛과 분위기를 반영하는 데 관심을 두었던 그의 작품 경향을 생각하면 매
우 이례적인 그림이다.

장퇴유의 들판을 산책했을 때, 그녀가 마당에서 아들과 노는 모습을 보았을 때, 그 모든 순간을 그림에 담고자 했던 모네이기에 이렇게라도 그녀의 마지막 모습을 간직하고 싶었을지 모른다.

베퇴유, 인생의 고비

아르장퇴유가 모네와 카미유의 행복한 시간을 간직한 공간이라면, 베퇴유는 힘든 기억이 담긴 곳이다. 그래서 카미유의 묘를 찾아넋을 기려야겠다는 정도의 생각만으로 큰 기대 없이 베퇴유에 갔다. 하지만 예상은 어긋났다. 모네의 흔적이나 고즈넉한 센강의 분위기가 사라져버린 아르장퇴유와 달리, 베퇴유에는 옛 건물들과 모네의 황토집 그리고 아름다운 강변이 남아 있었다. 언덕 위에는 마을의 중심이 되는 성당이 있고 거기서 가까운 묘지에 카미유가 잠들어 있다.

묘지 입구의 친절한 약도 덕에 카미유의 묘를 찾는 것은 어렵지 않았다. 적어도 이 동네에서는 카미유가 모네의 아내로서 유명 인사인 듯했다. 카미유의 묘지 비석에는 "클로드 모네의 부인 카미유 동시외"라고 쓰여 있다. 모네와 카미유는 법적으로 부부였지만 성당에서 혼인미사를 올리지 않았기 때문에 카미유가 모네의 부인으로 묻힐 수 없었다. 이에 독실한 신자였던 알리스가 직접 나서서 모네와 카미유의 뒤늦은 혼인미사를 올려주었다. 당시 모네와 알리스의 관계를 어떻게 평가하든, 적어도 알리스가 마지막 순간까지 최

모네가 머물던 베퇴유의 집과 센강 변

고즈넉하고 평화로운 마을 풍경과 어울리지 않게 모네는 이곳에서 인생의 가장 춥고 힘든 시기를 보냈다. 지금도 남아 있는 황토색 집에서 모네 부부와 오슈데 부부 그리고 아이들까지 열 명이 넘는 식구가 모여 살았다.

베퇴유의 마을과 성당

베퇴유 마을에 도착하면 가장 먼저 눈에 띄는 것이 모네의 그림으로도 남아 있는 노르트담성당이다. 성당 옆의 길을 따라 내려가면 클로드 모네 거리와 그가 살았던 집이 나온다.

선을 다해서 카미유를 도왔다는 것만은 분명하다. 카미유가 세상을 떠나고 얼마 후 모네와 알리스는 여덟 아이들과 함께 이곳을 떠나 푸아시Poissy로 갔다. 이후 모네가 베퇴유에 몇 번 들러 그림을 그리기는 했지만, 카미유의 묘에 가지는 않았다고 한다. 이렇게 연고도 없는 곳에 홀로 묻힌 카미유를 생각하니 안타까운 마음뿐이다.

카미유의 묘지에서 명복을 빈 후, 언덕길을 따라 내려가다보니 멀지 않은 곳에 '클로드 모네 거리'가 있고, 그 길에 모네가 살았던 집이 있었다. 거리에 모네의 이름을 붙이고, 그가 살았던 집의 옛 모습을 보존해서 방문객들이 그의 흔적을 느낄 수 있게 한 것으로 볼 때, 베퇴유는 아르장퇴유와 달리 모네가 이곳에 머물렀던 시간을 소중히 생각하는 듯하다.

모네의 황토집을 뒤로하고 수풀 사이의 작은 길로 내려가면 고즈넉한 센강이 펼쳐진다. 강변의 자연스러운 모습 그대로 공원이 조성되어 있다. 잔잔히 흐르는 강과 그 위에 떠 있는 배는 모네의 그림을 연상시키기에 충분했다. 아마 모네가 처음 베퇴유에 왔을 때는 그가 좋아하는 강과 들판과 언덕 위 마을이 만들어내는 분위기에 매료되었을 것이다. 하지만 그 시절 모네에게는 한가로이 그림을 그릴 만한 여유가 없었다.

이때 모네가 주로 그린 베퇴유 마을 풍경에는 다소 차분한 분위기가 감돈다. 가족들과 나들이를 다니며 행복했던 아르장퇴유 시절의 밝은 그림과 대조적이다. 게다가 지인들에게 계속 돈을 빌렸던 그는 빨리 그림을 그려 파는 것에만 관심이 있었다. 나중에는 물감을 살 돈도 부족해져서 친구에게 자신이 빨리 그림을 그려야 돈을 갚을 수 있다고 간곡히 부탁해 겨우 물감을 구하기도 했다. 그러다 보니 이 시기 모네의 작품 중에는 완성되지 않은 그림이라고 평가 될 정도로 급하게 그린 것들이 많다. 〈생라자르역〉 연작처럼 뚜렷한 목표를 지닌 작품이 별로 없고, 좋은 작품과 그렇지 않은 작품 간의 차이도 크다.

카미유가 떠나고 난 후 알리스는 차분히 집 안을 정리해나갔고, 자신의 아이들과 카미유의 아이들을 차별 없이 대했다. 그녀가 없었다면 한창 어머니의 손길이 필요한 어린아이들을 모네 혼자 감당하기 힘들었을지도 모른다. 이렇듯 그저 서로 도우면서 같이 지내는 것처럼 보였던 알리스와 모네는 이후 점차 연인 관계로 발전한다. 언제부터 알리스가 모네에게 애정을 갖고 있었는지 알 수 없지만, 그녀는 카미유의 유품을 정리하면서 사진이나 생전에 사용했던 물건들을 모두 치워버린다. 어쩌면 모네에게서 카미유의 흔적을 지우고 싶었던 것이리라.

이 시기 모네의 심경은 어땠을까? 아픈 아내를 두고 바람을 피운 파렴치한으로 호사가들의 입방아에 오르내렸으니 몹시 참담했을지도 모른다. 결과적으로 보면 아주 틀린 말은 아니다. 드가를 비롯한 동료들조차 파리에서 이 소식을 듣고 모네를 이해하기 힘들어했다. 하지만 무엇보다도 합법적인 관계가 아니었기 때문에 사회적 시선을 감당하며 아이들을 키워내야 했던 알리스가 안타깝게 느껴진다. 이런 상황을 이해해서인지 모네는 카미유의 죽음에 슬퍼하는 한편, 알리스에게도 미안한 마음을 가지고 있었다. 이를 대놓고 표현하지는 않아도 이후 정식으로 부부가 되고자 많은 노력을 기울였다.

〈베퇴유 성당〉 캔버스에 유채, 56×65cm, 1880, 스코틀랜드 국립미술관

센강 쪽에서 바라본 베퇴유의 노트르담성당을 그렸다. 이 성당에서 가까운 묘지에 카미유가
묻혀 있다. 베퇴유에서 지내던 시기에 모네는 생계를 위해서라도 그림을 많이 그려야 했다. 하
지만 카미유를 잃은 슬픔과 현실적인 고단함 때문인지 색이 어둡고 붓질이 성글며 거칠다. 어
딘지 모르게 애산한 느낌마저 든다.

〈장피에르 오슈데, '베베 장'〉 캔버스에 유채, 41×33cm, 1878, 개인 소장

모네는 큰아들 장이 어렸을 때 그를 자주 그렸던 것처럼 알리스의 아이들도 그림에 담았다.
이 작품에는 알리스의 막내아들인 장피에르의 사랑스러운 볼과 탐스러운 머리칼이 잘 표현되
어 있다. 힘든 상황에서도 모네는 아이들에게 좋은 '파파 모네'였다.

새로운 가족의 순탄치 않은 시작

카미유가 세상을 떠난 1879년에 모네는 얼마간 그림을 그리는 것에 대한 의욕을 잃었다. 아니, 어쩌면 삶 자체에 대한 괴로움에 휩싸여 있었는지도 모르겠다. 그해 겨울에는 에르네스도 베퇴유에 머무르면서 온 가족이 경제적 어려움에 허덕였다. 이따금 모네와 에르네스가 싸우기도 했고, 그 사이에서 알리스는 그림이라도 그리는 모네와 달리 아무것도 하지 않는 남편을 책망했다.

이 시기 파리에서는 인상주의라는 말을 쓰지 말고 좀 더 다양한 작가들과 전시를 열자는 드가와 인상주의를 강조하면서 전위적인 작업을 하는 작가들과 함께하자는 카유보트 간에 신경전이 계속되었다. 여기에 모네가 있었다면 중재자 역할을 했을 수도 있지만 그는 자신의 삶만으로도 버거웠다. 결국 모네는 1880년과 1881년 두 번의 인상주의 전시회에 참여하지 않았다. 대신 1880년에 열린 살롱전에 출품했다. 이는 살롱의 심사 기준이 완화되어 과거에 세 번 이상 살롱에 출품한 적이 있으면 최소한 한 점은 걸 수 있다는 규정 덕분이었다. 이러한 자격 조건을 만족시킨 모네와 르누아르가 살롱전에 작품을 내놓았다. 하지만 이것은 드가를 비롯한 몇몇 인상주의 화가들에게는 배신과도 같은 행위였다. 살롱을 거부하고자 만든 것이 인상주의 전시회였는데, 이를 놔두고 버젓이 살롱에 나갔으니 말이다. 한 신문에서는 이 점을 비꼬기 위해 살롱전이 열리는 날인 5월 1일에 모네의 장례식이 열린다고 쓰기도 했다.

당시 모네는 그 전까지 가졌던 새로운 미술에 대한 열정이 사그

모네와 오슈데 가족

모네와 알리스가 여덟 명의 아이들과 함께 베퇴유에서 지내던 1880년경에 찍은 사진이다. 가장 왼쪽에 모네가 서 있고 그 앞에 알리스가 앉아 있다. 알리스의 발치에 앉은 것이 그녀의 막내아들 장피에르이고, 그녀의 오른편으로 자크 오슈데, 블랑슈 오슈데, 장 모네, 미셸 모네, 제르맹 오슈데가 보인다. 화면 맨 앞의 두 여성은 알리스의 맏딸 마르타와 셋째 딸 수잔이다.

라진 듯했다. 그저 그림을 그리고 팔아 아이들과 편안한 삶을 누리고만 싶어 했다. 하지만 아이러니하게도 돈을 벌려고 연 개인전에서 작품이 한 점도 팔리지 않았다. 그간 인상주의 전시회에서 비난을 받으면서도 몇 점의 그림을 판 것과 비교하면 또 한번 현실의 벽에 부딪히는 순간이었다. 다행히도 자금 사정이 나아진 뒤랑뤼엘이 모네의 근작들을 대거 사들였다. 덕분에 당장 급한 불을 끄고 잠시나마 베퇴유에서 그림에 매진할 수 있었다.

그런 와중에 이들이 머물던 집의 주인이 재계약을 거부하면서 밀린 집세를 모두 지불하라고 했다. 결정을 내릴 시기가 온 것이다. 에르네스는 알리스에게 파리에 집을 얻어 살자고 했다. 반면 모네는 센강 유역 푸아시에 집을 구했다. 모네는 어느 쪽이든 알리스가 선택할 문제라 생각했고, 그녀는 아이들을 데리고 푸아시로 가기로 결정했다. 베퇴유에서는 카미유를 간호하고 아이들을 돌봐준다는 명분이라도 있었지만, 남편마저 뒤로하고 모네를 따라간다는 것은 유부녀인 알리스가 모네와의 연인 관계를 인정하는 꼴이었다. 에르네스는 물론이고 장녀인 마르타도 이 상황을 받아들이지 못했다.

모네와 알리스가 공식적으로 인정을 받으려면 먼저 그녀가 에르네스와의 관계를 정리해야 했다. 하지만 에르네스는 가끔씩 푸아시로 찾아와 가족이 재결합하기를 바란다는 뜻을 내비치었다. 모네는 이러한 상황을 너무나 힘들어했다. 게다가 여덟 아이들이 함께 있으니 집 어디에도 마음 편히 쉬거나 작업할 수 있는 공간이 없었다. 결국 모네는 알리스에게 서로 생각할 시간이 필요할 것 같다고 말하고는 홀로 노르망디 해안의 디에프Dieppe로 향한다.

디에프는 모네가 어린 시절을 보낸 르아브르보다 더 북쪽에 위치한 항구 마을이다. 일찌감치 기차가 들어왔기 때문에 모네가 이곳을 목적지로 정한 듯하다. 철도의 개통과 함께 관광객을 위한 리조트가 들어서자 호화 카지노가 생기고 연일 음악회가 개최되면서 파리 사교계 인사와 예술가 들이 자주 들르던 곳이다. 하지만 제2차 세계대전 때 모두 파괴되어 지금은 당시의 흔적이 남아 있지 않다. 그럼에도 아름다운 해변과 중세 때부터 이어져온 구시가지의 모습에 매료되어 여전히 많은 프랑스인들이 이곳을 찾는다. 모네의 오랜 친구이자 인상주의 전시를 함께 했던 피사로는 디에프를 따뜻하고 아름다운 곳이라 평했다. 그는 여러 번 디에프를 방문해서 시내와 항구를 그렸는데, 디에프 항구에 가면 그의 그림을 인쇄한 안내판이 서 있다.

이곳에는 특히 노르망디 지역의 절경으로 유명한 알바트르 해안 Côte d'Albatre 이 펼쳐져 있다. 활석, 석회석 등을 의미하는 알바트르라는 이름처럼 하얗게 빛나는 석회질의 절벽이 병풍처럼 솟아 있고 그 아래 해안은 조약돌로 이루어져 있다. 르아브르와 디에프뿐만 아니라 뒤에 살펴볼 에트르타 Étretat 역시 알바트르 해안에 속한다. 디에프를 사랑했던 친구 피사로와 달리, 모네는 이곳에서 큰 감흥을 느끼지 못했던 것 같다. 대신 해안을 따라 남쪽으로 내려가 푸르빌 Pourville, 바랑즈빌 Varengeville 등 그림을 그리기 적당한 곳을 찾아다녔다.

이렇게 모네가 그간의 힘들었던 시간과 아직 해결되지 않은 현실적 문제들을 뒤로한 채 그림 작업에 몰두하고 있을 때, 인상주의자들은 각자의 주장만 내세우기에 급급해 구심점을 찾지 못하고 있었

디에프 항구

카미유가 죽은 뒤 괴로움과 혼란에 휩싸인 모네는 작업을 핑계로 디에프로 떠난다. 항구에는 요트와 고깃배 들이 정박해 있고 멀리 보이는 절벽 위로 작은 성당과 집들이 장난감처럼 놓여 있다. 디에프는 모네의 친구 피사로의 말처럼 따뜻하고 아름다운 곳이었다.

다. 이에 뒤랑뤼엘이 인상주의 전시를 이어가는 동시에 자신의 금전적인 어려움도 해결하기 위해 일곱 번째 인상주의 전시 기획에 직접 나섰다. 그의 노력 끝에 르누아르, 피사로, 시슬레, 카유보트, 모리조, 아르망 기요맹, 폴 고갱 등이 전시에 함께하기로 했다. 하지만 드가는 카유보트뿐만 아니라 모네와도 심한 언쟁을 벌인 후 참가하지 않기로 했다. 그는 특히 모네와 르누아르가 살롱전에 참여했다는 사실에 심한 배신감을 느끼고 있었다. 모네 역시 전시할 작품이 없다는 이유를 대면서 계속해서 참가 제안을 거절하지만, 결국 푸아시에 있는 가족들의 생활비를 마련하고자 작품만 전시장으로 보냈다.

다행히 일곱 번째 인상주의 전시회는 그간 열린 것 중 가장 성공적이었다. 중산층뿐만 아니라 상류층 사람들도 전시장을 찾았다. 여전히 비난과 비판은 계속되었지만, 오히려 그러한 악평마저 인상주의자들의 인지도를 올려주는 계기가 되었다. 꿋꿋하게 활동을 이어온 이들과 주변 사람들의 노력 덕분에 인상주의 작품이 '모자란 작품'이 아니라 '더 앞서 나간 작품'으로 인식되기 시작했다. 처음에는 큰 비난을 받았지만 결국 익숙함을 넘어 파리를 대표하는 가장 중요한 건축물이 된 에펠탑처럼 말이다.

그 와중에도 모네는 노르망디 해안을 따라 내려가며 계속해서 그림을 그렸고, 알리스는 낯선 푸아시에서 여덟 아이들을 돌보고 교육시키면서 집안을 이끌어야 했다. 알리스가 아이들을 데리고 모네가 머물고 있던 푸르빌에 가서 함께 시간을 보내기도 했지만, 모네는 여전히 알리스의 곁으로 가는 것이 염려스러웠다. 그럼에도 두 사람은 사랑을 확인하는 전보를 주고받으며 점차 서로에 대한 확신을 키워갔다. 베퇴유에서는 어쩔 수 없는 상황이 두 사람을 함께 있게 했다면, 이제는 두 사람 스스로가 서로에 대한 사랑을 믿으며 적극적으로 현실을 헤쳐나가는 수밖에 없었다. 여전히 에르네스는 알리스와의 이혼을 거절했고 그렇다고 아이들과 알리스가 넉넉히 생활할 수 있도록 돕지도 않았다. 이처럼 모네에게 찾아온 두 번째 사랑은 쉽지 않았다. 죄책감과 사회적 질타마저 견뎌내야 하는 사랑이었다. 비록 이 상황이 힘들어 그림을 그린다는 핑계로 혼자 여행을 떠나기도 했지만, 결국 모네는 알리스와의 사랑을 피하지 않고 지켰다. 그렇게 모네에게 닥친 인생의 한 고비가 넘어갔다.

알바르트 해안에서 찾은 무한한 색

일곱 번째 인상주의 전시회 이후, 뒤랑뤼엘은 마들렌Madeleine가에 새로 연 갤러리의 첫 전시로 모네의 개인전을 열고 싶다고 제안했다. 노르망디 지역에서 열심히 그림을 그리고 있었음에도 모네는 여전히 작품이 충분하지 않다고 생각했다. 하지만 이것저것 따질 상황이 아니었다. 1882년 3월에 그간 그린 작품들을 급하게 모아 전시했다. 처음에는 반응이 별로 없었지만, 이내 다른 화가들에게서 좋은 평가를 받으며 잡지와 신문에 우호적인 평론이 실렸다.

모네는 이 시기부터 훗날 지베르니에 정착하기 전까지 노르망디 해안을 자주 오가며 많은 그림을 그렸다. 주로 하늘과 바다, 알바르트르 해안 절벽과 들판이 중심 소재였고, 사람과 건물은 부수적인 요소가 되었다. 〈디에프 절벽〉을 보면 강한 햇볕이 내리쬐는 한낮이라는 것을 알 수 있다. 빛을 받아 절벽의 흰 암석이 반짝이고 그 아래 바닷가에는 보랏빛을 띠는 푸른색의 그림자가 드리워져 있다. 이는 그림자가 검은색이라는 우리의 통념을 깬다. 하지만 앞서 말했듯이 그림자의 이런 푸른색이야말로 실재하는 색이다. 만약 의심스럽다면 맑은 날 밖에 나가서 그림자들을 관찰해보라. 그림자가 드리워진 대상의 색에 따라서 그림자도 저마다 다른 색을 갖는다는 것을 알 수 있다. 모네는 우리가 머리로 아는 색이 아니라 이렇게 실제로 보이는 색에 주목했다. 그림자의 푸른색은 저 먼 바다의 초록빛이 도는 푸른색이나 하늘의 밝은 파란색과도 다르다. 색에 이름을 붙이는 데는 한계가 있지만, 우리는 분명 훨씬 다양한 색을 눈으로 지각할 수 있다. 모네는 이 색들을 그림에 담고 싶어 했다. 무엇보다 자연으로부터 온 색을 말이다.

〈푸르빌 절벽 위 산책〉도 햇살이 강한 오후를 묘사한 작품인데, 여기에서는 또 다른 푸른색들이 사용된다. 하늘과 바다가 맞닿은 짙은 파란색의 수평선이 흰 점으로 찍힌 돛단배와 함께 어우러지고 있다. 전경에는 풀과 들꽃을 작은 점과 짧은 붓질로 표현해 바람에 흔들리는 느낌을 전해준다. 이렇듯 모네는 대상에 대한 사실적인 묘사나 대상의 물질성보다는 '감각'과 '느낌'을 표현하고자 했다. 한 화가의 작품을 연대순으로 살펴보면 그가 그림을 그리는 습관의 변화를 알 수 있는데, 그 변화가 대부분 너무나 미세해서 도판이나 디지털 이미지로는 식별하기 어렵다. 그런 점에서 이번 여행 때 방문한 런던 내셔널갤러리의 기획 전시는 전 세계 곳곳에 흩어져 있는 모네의 작품들을 한자리에서 시간순으로 감상할 수 있는 흔치 않은 기회였다. 모네의 작품은 각 시기에 따라 붓질의 형태나 물감의 두께 등이 조금씩 달라졌다. 특히 노르망디 해안에서 그림을 그리던 이 시기부터 물감에 기름기가 더 돌았다.

유화는 물감을 일정 비율의 기름과 섞어서 그리는데, 기름의 종류와 비율은 작가마다 다르다. 모네의 경우 이전에는 기름을 조금 적게 써서 붓질의 끝이 약간 말라 있었다면, 이 시기부터는 기름을 넉넉하게 사용해서 물감에 윤기가 돌게 표현했다. 이렇게 기름을 더 많이 사용하게 되면 물감을 두텁게 바를 수 있고 광택을 줄 수 있는 반면, 그림이 빨리 마르지 않아서 덧칠하기 힘든 단점이 있다. 그런 면에서 이 시기 모네가 눈앞에서 재빠르게 변하는 자연의 인상을 포착하는 데 좀 더 자신감이 붙었던 것이 아닌가 싶다. 이전에는 얇게 여러 번 겹쳐서 그리는 방식이었다면, 지금은 기름을 충분히 써서 단번에 그려도 자신이 원하는 효과를 낼 수 있게 된 것이다.

두 방식 중 어느 것이 더 나은지 판단할 이유는 없다. 작가가 자신의 의도를 더 효과적으로 드러내는 방식을 선택할 뿐이다. 하지만 이렇게 그림을 그리는 방식이 변했다는 것은 모네의 그림이 완숙의 경지에 다가서고 있다는 것으로 생각해볼 수도 있다. 그는 그 어느 때보다 부지런히 작업했다. 더 이상 주저하거나 고민할 시간이 없었다. 자신이 부양해야 할 아이들이 이제 여덟 명이나 있기 때문이다. 비록 생계를 위해서라도 그림에 열중해야 했지만, 그는 남편과 가장으로서의 역할도 잊지 않았다. 외로워하는 알리스를 위

〈디에프 절벽〉 캔버스에 유채, 65×81cm, 1882, 취리히미술관, 스위스
작품에 나타난 색의 배치가 감각적이다. 전체적으로 파란색과 초록색 계열이 화면을 감싸는
가운데, 절벽의 암석은 빛을 받아 하얗게 빛나고 그 아래로 청보라색 그림자가 드리워져 있다.
절벽 위 집 지붕의 빨간색이 화면을 지루하지 않게 한다.

<〈푸르빌 절벽 위 산책〉> 캔버스에 유채, 66×82cm, 1882, 시카고미술관, 미국

이 그림에서도 언덕 위를 산책하는 여인이 든 양산의 붉은색이 화면에 생기를 불어넣는다. 사진이 아니므로 꼭 눈에 보이는 것을 다 그리지 않아도 되지만, 모네는 의도적으로 붉은색의 포인트를 넣었다.

해 여름에 지낼 별장을 빌려 푸아시에서 가족들을 데려왔다. 이 시기에 가족들과 함께 야외에 나가서 그린 그림이 〈푸르빌 절벽 위 산책〉이다. 옛날 아르장퇴유에서 카미유와 아들 장과 함께 산책을 하면서 그림을 그렸듯이, 이제 모네는 새롭게 꾸린 가족들과 함께 즐거운 시간을 보내고 그 순간을 그림으로 남겼다.

색을 포착하는 사냥꾼

노르망디 해안을 따라가는 이번 여정은 모네가 그랬던 것처럼 디에프에서 시작했다. 아직 자동차가 상용화되지 않은 시절에 여행했던 모네는 디에프까지 기차로 가서, 거기서부터 직접 짐을 들고 걷거나 마차와 짐꾼을 이용해서 푸르빌이나 바랑즈빌로 이동했다. 다행히 지금은 도로가 뚫렸고 웬만한 언덕까지도 차로 갈 수 있다. 디에프에서 출발해 해안에 최대한 가깝게 이동하는 길은 절벽 위의 마을들을 지난다. 산과 들판이 주로 보이다가 문득 앞이 트이면서 쉴 수 있는 해안이 나타나고는 했다. 그렇게 푸르빌 도로를 따라 바랑즈빌에 도착했다. 바랑즈빌도 디에프처럼 외국인보다는 프랑스 사람들이 주로 찾는 곳으로, 시끌벅적한 관광지이기보다는 조용하고 고즈넉한 휴양지다.

노르망디 해안에 가보니 왜 모네가 이곳을 자주 여행했는지, 왜 인상주의 화가들이 이곳을 그렇게 사랑했는지 알 것 같다. 파리에서 기차를 타고 몇 시간만 가면 들판과 언덕, 바다와 절벽까지 색다른 풍경이 펼쳐진다. 날씨도 좋고 풍경도 아름다워서 그림을 그릴 곳이 많을 뿐 아니라, 친구들이나 가족들과 시간을 보내기에도 좋다. 노르망디는 인상주의를 이야기할 때 빠질 수 없는 장소이며, 모네에게 마음의 안정과 예술적 영감을 주었던 곳이다. 이곳에서 그림을 그렸을 모네의 모습을 상상하며 푸르빌과 바랑즈빌의 고즈넉한 풍경을 뒤로하고 에트르타로 발걸음을 옮겼다.

작년에 모네가 작업하러 나갈 때 자주 따라나섰다. 그는 화가라기보다는 사냥꾼과 같았다. 캔버스를 든 아이들을 데리고 다녔는데, 예닐곱 개의 캔버스에 하나의 소재를 그리되 거기에는 각기 다른 시간과 다른 빛의 효과가 담겨 있었다. 모네는 하늘의 변화에 따라 여러 개의 캔버스를 바꿔가며 그림을 그렸다.

프랑스의 소설가 기 드 모파상이 모네가 가족과 함께 에트르타에 머물렀을 때의 모습을 담아 「어느 풍경화가의 생활 La Vie d'un Paysagiste」이라는 제목으로 신문에 기고한 글의 한 대목이다. 이 글은 모네가 순간의 인상을 포착하기 위해 어떻게 그림을 그렸는지를 잘 보여준다. 캔버스를 들고 그를 쫓아다녔을 아이들을 상상하면 슬며시 미소가 지어지기도 한다. 르아브르에서 멀지 않은 에트르타는 근처의 몽생미셸과 함께 노르망디 지역의 유명한 관광지 중 하나다. 모네가 모파상을 처음 만난 곳도 여기다. 많은 예술가와 문인 들이 에트르타에 머물며 영감을 얻고는 했는데 모네 역시 부댕과 용킨트, 마네와 쿠르베 등과 함께 그림을 그리기 위해 이곳을 찾았다. 이처럼 에트르타는

화가들이 사랑한 에트르타의 해안 절벽

하얗게 빛나는 석회질의 절벽을 뜻하는 이름의 알바트르 해안은 노르망디 지역의 르아
브르에서 디에프까지 뻗어 있다. 이 중에서 눈부신 해안 절경으로 손꼽히는 에트르타는

많은 예술가와 문인 들에게 영감을 주었다. 모네를 비롯한 여러 화가들의 작품에서 일명
코끼리 바위로 불리는 팔레즈 다발의 경치를 만날 수 있다.

1. ⟨**에트르타, 해 질 녘**⟩ 캔버스에 유채, 60×73cm, 1883, 낭시미술관, 프랑스

2. ⟨**망포르트**⟩ 캔버스에 유채, 1882, 개인 소장

3. ⟨**포르트 다발의 절벽**⟩ 캔버스에 유채, 1885, 개인 소장

4. ⟨**포르트 다발의 절벽, 해 질 녘**⟩ 캔버스에 유채, 1885, 개인 소장

모네는 만포르트, 팔레즈 다발, 팔레즈 다몽 같은 에트르타의 바닷가 절벽들을 다양하게 그렸다. 해 질 녘의 절벽은 실루엣만 보여 하늘과 바다의 색을 더 돋보이게 하고, 밝은 날에는 풀로 덮인 절벽 윗면의 밝음과 암석으로 된 절벽 옆면의 어두움이 대조되면서 강렬한 색감의 차이를 만들어낸다. 단단한 암석에 비치는 빛과 파도가 치는 해수면에 비치는 빛이 다르므로 그에 맞게 붓질을 사용해 비슷하면서도 다른 느낌을 주었다.

모네를 포함한 인상주의자들에게 성지와도 같은 곳이어서 꼭 한번 가보고 싶었다. 특히 기묘한 모양의 코끼리 바위가 궁금했다.

에트르타에 도착하여 마을로 들어서자 마치 중세 시대를 재현해 놓은 테마파크에 놀러 온 기분이 들었다. 노르망디 지역은 옹플뢰르에서 보았던 것처럼 오래된 목조건물이 많은데, 에트르타도 마찬가지였다. 노르망디 특산품인 사과주 시드르, 크레이프의 한 종류인 갈레트, 공예품, 장난감, 물놀이 용품 등을 파는 가게들이 늘어서 있어 마치 우리나라의 작은 바닷가 관광지 같은 느낌도 들었다. 물놀이에 편한 옷을 입은 사람들을 따라가다보니 조약돌이 깔려 있고 하얀 절벽으로 둘러싸인 알바트르 해안이 펼쳐졌다. 맑은 하늘과 탁 트인 바다, 이를 감싸며 하얗게 빛나는 절벽 앞에서 그저 이곳에 있는 것 자체가 감사하게 느껴졌다. 왜 화가와 문인 들이 이곳을 그토록 사랑했는지 마음속 깊이 이해할 수 있었다.

모네가 에트르타에서 작업에 몰두하다가 그림이 파도에 휩쓸려 전부 찢어진 적도 있었다. 태풍이라도 오면 야외에서 그림을 그리는 것이 쉽지 않았다. 그럼에도 그는 이젤을 줄로 땅에 고정시키고 바람을 맞아가면서 작업했다. 특히 한자리에 머물며 시간과 날씨에 따라 변하는 대상의 모습을 다양하게 그림으로 옮겼다. 모파상이 말한 것처럼 모네는 눈에 보이는 자연 속 색의 변화를 사냥감을 포착하듯 화면에 집어넣었기 때문에 이렇게 '옮겼다'는 표현이 적절할 것이다. 짧은 시간 안에 자연의 변화를 모두 담은 하나의 그림을 완성하는 것은 불가능하다는 것을 잘 아는 모네였기에, 여러 캔버스를 동시에 놓고 자신이 원하는 색이 보일 때마다 캔버스를 바꿔가며 그림을 그렸다.

디에프, 푸르빌, 바랑즈빌, 에트르타, 더 거슬러 올라가면 르아브르와 옹플뢰르와 생타드레스까지 모네는 바다를 사랑했고 바다 풍경을 그리는 것을 즐긴 화가였다. 여기에는 부댕과 용킨트의 가르침 그리고 런던에서 접한 터너의 영향도 있다. 이후 모네는 브르타뉴 지역의 벨일섬Belle-Île 등 더 많은 곳을 여행한다. 하지만 어디를 가든지 어떤 이유로 가든지, 그는 항상 그림을 그렸다. 다양한 장소의 색을 포착하려는 사냥꾼처럼 말이다.

정신적 지주인 마네의 죽음과 인상주의의 해체

이 시절 모네의 관심은 40대라는 나이에 걸맞게 경제적 안정이었다. 알리스와 아이들이 있는 푸아시의 집에서도 떠나야 하는 상황에 처하자 그는 안정적으로 살 곳을 구해야겠다는 생각을 하게 되었다. 젊은 시절의 방랑보다는 가족들과 안심하고 지낼 수 있는 집이 필요했다. 하지만 결국 돈이 문제였다. 이렇게 모네가 현실적인 고민에 골몰하는 동안, 그의 영원한 정신적 스승이자 동료인 마네는 이 세상에서 점점 멀어지고 있었다.

마네는 프로이센·프랑스전쟁 때 다리를 다쳤는데, 1879년 즈음부터 통증이 찾아오면서 점차 서 있기도 어렵게 되었다. 결국 1883년 3월에 괴저병이라는 진단을 받고 다리를 절단했지만, 수술 후 고열과 함께 더 큰 고통에 시달렸다. 모네는 노르망디 해안과 푸아시를 오가며 가족을 돌봐야했기 때문에 마네에게 신경을 쓸 겨를이 없었다. 결국 1883년 4월 30일에 마네가 세상을 떠났다. 그날은 살롱이 열리기 하루 전이어서 관계자들이 모여 전시를 관람하고 있었다. 마네의 사망 소식이 전해지자 그가 살롱에서 인정받기 위해 했던 노력과 시도를 생각하며 모두들 숙연해졌다. 살롱을 몇 번이나 들썩이게 했던 마네는 세상을 떠나기 2년 전에 프랑스에서 위대한 업적을 쌓은 이들에게 주는 레지옹 도뇌르 훈장을 받았다. 악동으로 시작했지만 결국 세상의 인정을 받은 것이다.

모네는 5월 1일에 이사 간 지베르니에서 마네의 소식을 들었다. 막 이삿짐을 풀고 있을 때였다. 자신이 관을 운구할 사람으로 정해졌다는 소식을 듣고 장례식 날인 5월 3일에 기차를 타고 생라자르 역으로 향했다. 그는 기차에서 내리자마자 카퓌신 대로의 양복점에 주문한 옷을 찾아서 입고 장례식이 열리는 성당으로 갔다. 으레 그래왔던 것처럼 양복 값은 뒤랑뤼엘 앞으로 달아놓았다.

마네의 장례식에는 모네, 피사로, 르누아르 등 인상주의자들과 에밀 졸라를 포함한 비평가들 그리고 몽마르트르에 살았던 이들까지 500여 명이 모여 그의 마지막 가는 길을 배웅했다. 마네는 자신이 고집한 예술 세계를 굽히지 않고 이어나갔고, 인상주의자들을 비롯한 많은 예술가들이 그의 정신을 존경하고 따랐다. 비록 인상주의 전시회에 한 번도 참여하지 않았지만, 마네는 항상 그들의 정신적 지주였다.

마네가 죽은 뒤, 그렇지 않아도 위태로웠던 인상주의자들의 관계는 더욱 응집력이 약해졌다. 살롱과 확실히 선을 그어야 한다고 생각한 드가는 살롱전에 참가한 모네와 르누아르를 계속해서 비난했고, 세잔 역시 두 사람이 너무 상업적이라고 생각했다. 결국 르누아르가 먼저 인상주의자 그룹에서 탈퇴하겠다고 했다. 카유보트도 더 이상 신경전을 하고 싶지 않다며 전시하는 것을 그만두기로 했다. 모네 역시 드가와의 언쟁으로 마음에 상처를 많이 입었고, 알리스와의 떳떳하지 못한 관계 때문에 주변의 시선을 신경 쓰느라 자연스럽게 이들과 멀어졌다. 이외에도 함께하고 싶지 않다는 작가들이 늘면서 인상주의 전시는 난항을 겪었다.

결국 우여곡절 끝에 1886년 여덟 번째 인상주의 전시회가 열렸다. 인상주의 그룹을 해체하기 전에 마지막으로 개최한 전시였다. 첫 인상주의 전시회에 참가했던 작가들 중 드가, 피사로, 커셋, 모리조만 이 전시에 함께했고, 모네는 참가하지 않았다. 대신 신인상주의자인 조르주 피에르 쇠라와 폴 시냐크 등이 합류해서 인상주의의 다음 세대가 도래할 것을 알렸다. 어찌 보면 이 마지막 전시는 인상주의의 자멸이 아니라 한 시대가 저무는 것을 보여주었다고 할 것이다.

마네와 모네는 서로가 이름만큼이나 비슷한 예술관을 가지고 있었기에 서로 이해하고 깊은 영향을 주었다. 모네에게 마네는 어려울 때 스스럼없이 기댈 수 있는 형과 같은 존재였다. 그런 마네의 관을 들면서 모네는 무슨 생각을 했을까? 전쟁으로 친구인 바지유를 잃었을 때와는 또 다른 의미의 슬픔이 그를 잠식했을 것이다.

마네에 대한 모네의 마음은 훗날 〈올랭피아〉를 국가에 기증하기 위해 벌인 모금 운동으로 알 수 있다. 마네가 죽은 지 6년 후인 1889년에 열린 파리 만국박람회에 이 작품이 걸리자 한 미국인이

앙리 팡탱라투르, 〈바티뇰의 아틀리에〉 캔버스에 유채, 204×273cm, 오르세미술관, 프랑스
젊은 인상주의 화가들은 파리의 바티뇰 구역에 있는 마네의 화실에서 자주 모였기 때문에 바
티뇰 그룹이라고 불리기도 했다. 이젤 앞에 앉아 붓을 든 마네, 모자를 쓴 르누아르, 가장 키
가 큰 바지유, 맨 오른쪽 끝에 선 모네가 보인다. 팡탱라투르는 마네에게 경의를 표하기 위해
이 그림을 그렸다고 한다.

그림을 사겠다고 제안했다. 당시 경제적으로 어려움을 겪던 마네의 유가족은 이 제안을 수락하려고 했지만, 소식을 들은 모네는 마네의 역사적인 작품이 미국으로 반출되는 것을 막아야 한다고 생각했다. 누구보다도 마네를 존경했던 그는 더 나아가 이 기회에 자신의 작품이 루브르미술관에 소장되기를 원했던 마네의 소원을 대신 이루어 주기로 결심한다. 이 일을 성사시키기 위해 그는 그림 값에 해당하는 2만 프랑을 모금하는 운동과 함께, 그림이 루브르미술관에 소장될 수 있도록 정치·문화계 인사들을 설득했다. 이 시기 모네는 더 이상 젊은 시절의 치기 어린 화가가 아니었다. 미국, 영국 등 해외에서도 인기를 끌며 프랑스를 대표하는 예술가이자 문화계의 유명 인사였다. 그는 이런 자신의 위치를 백분 활용했다.

결국 계획대로 2만 프랑을 모아서 마네의 유가족에게 전달하고, 당시 교육부 장관에게 〈올랭피아〉를 국가에 기증하겠다는 의사를 밝혔다. 〈올랭피아〉는 처음에 여러 정치인들의 반대에 부딪혀 현대 미술을 주로 전시하는 뤽상부르미술관에 소장되었다가, 1907년 모네의 친구이자 당시 내무부 장관이었던 클레망소의 중재로 루브르미술관으로 옮겨진다.

마네가 죽었을 때, 파리 미술계 사람들은 마네의 관을 운구하는 모네를 보며 그동안 마네가 이끌어왔던 도전들을 모네가 이어갈 것이라고 기대했을 것이다. 모네는 자신이 의도했든 하지 않았든 미술계의 핵심 인물이 되었고, 스스로 증명해야 했다. 마네가 옳았다는 것과 함께, 자신과 인상주의자들이 제시한 미술이야말로 진정 그 시대를 대변하는 것임을 말이다.

에트르타를 그린 화가들

에트르타에서 어린 시절을 보낸 모파상은 단편소설 「모델Le Modéle」에서 에트르타를 이렇게 묘사한다. "하얀 절벽과 작고 흰 조약돌, 푸른 바다로 둘러싸여 있으며 초승달 모양의 바닷가가 활을 그리는 작은 어촌이다. 초승달 모양의 해안 양 끝에 두 개의 암문嘗門이 있다." 에트르타는 노르망디 알바트르 해안의 전형이면서, 코끼리가 코를 바다에 박고 있는 듯한 모양의 팔레즈 다발과 팔레즈 다몽 같은 바위 아치가 독특하다. 모파상은 오랜 파도의 침식작용으로 이루어진 이런 바위의 형상을 문과 같다고 표현했다. 모파상뿐만 아니라 빅토르 위고 등 여러 문학가들이 이곳에서 영감을 받아 글을 썼고, 모네 이전에는 들라크루아, 쿠르베, 코로, 부댕 등이 그리고 모네의 후배 격으로는 시냐크와 앙리 마티스 등이 에트르타를 방문해서 이곳의 풍경을 화폭에 담았다.

외젠 부댕, 〈에트르타, 팔레즈 다발〉, 캔버스에 유채, 80×110cm, 1890, 티센보르네미사미술관, 스페인

귀스타브 쿠르베, 〈에트르타의 절벽〉, 캔버스에 유채, 93×114cm, 1869, 폰데어호이트미술관, 독일

흥미로운 것은 에트르타의 절벽과 하늘, 바다라는 동일한 소재를 다루었음에도 작가마다 개성 있는 그림을 그렸다는 것이다. 부댕은 바다와 하늘에 대한 연구를 했던 만큼 두 자연물이 지닌 미묘한 색의 차이를 포착했다. 반면 쿠르베는 절벽에 더 주목해서 돌의 사실적인 물질성을 묘사했다. 마티스의 경우, 야수파를 대표하는 작가답게 형태를 단순화하고 주관적인 색감 표현에 치중했다.

여러 작가들에게 영감을 준 에트르타는 모네가 어린 시절을 보낸 르아브르에서 멀지 않으며, 르아브르에서 디에프와 푸르빌로 가는 길목에 위치해 있다. 또 근처에 바다 위 바위 수도원으로 알려진 몽생미셸도 있다. 그러니 인상주의 화가들의 발자취를 따라 여행을 한다면 에트르타에 꼭 가볼 것을 추천한다. 노르망디 특산물인 갈레트와 시드르를 함께 먹으며 말이다.

지중해에서 북유럽까지, 모네의 여행지들

모네는 당시 많은 작가들이 그랬듯 여행을 즐겼다. 특히 경제적으로 여유가 생긴 후에는 동료들이나 알리스와 함께 예술적 영감을 얻을 만한 다양한 곳을 찾아다녔다. 아쉽게도 본문에서 미처 다루지 못한 모네의 여행지들에 관해 간단히 이야기해보려고 한다.

지베르니로 이사한 1883년, 모네는 르누아르와 함께 남프랑스의 엑상프로방스에 가서 세잔을 만나고 근처의 지중해 연안을 여행한 뒤, 홀로 이탈리아 북부의 보르디게라Bordighera로 넘어간다. 그리고 이곳에서 우연히 만난 사람 덕분에 지중해 분위기가 물씬 풍기는 저택에서 석 달 가까이 지내며 그림을 그릴 기회를 얻는다. 알리스에게 보낸 편지에 쓴 것처럼 그는 지중해에서 노르망디 해안과 다른 분위기를 느꼈고, 이를 평소와 다른 색채를 써서 표현했다. 이후에도 모네는 종종 지중해 연안을 여행했고, 1888년에는 모파상의 권유로 남프랑스의 앙티브Antibes를 방문해 지중해의 영롱한 빛을 담은 서른여섯 점의 그림을 남겼다.

1895년에는 알리스의 아들 자크 오슈데가 노르웨이 사람과 결혼을 하게 되어 결혼식 참석차 현재 오슬로인 크리스티아냐를 방문했다. 그 근처 산드비카Sandvika에 두 달가량 머무는 동안 모네는 노르웨이의 독특한 지형, 특히 거울 같은 빙하호의 풍경에 매료되었다. 모네가 그림에 담았던 다리가 그의 이름을 딴 '클로드 모네 다리'로 불리고, 산드비켄의 중심에 모네 광장과 모네 거리가 있을 정도로 지금도 노르웨이 사람들은 모네의 방문을 기리고 있다.

모네의 명성이 높아지면서 초청을 받아 다른 나라로 여행을 가기도 했는데, 1908년에 알리스와 함께 방문한 베네치아도 그중 하나다. 베네치아는 많은 화가들에게 영감을 준 곳이며, 오늘날에는 비엔날레로 유명한 미술의 중심지다. 오랜 역사를 지닌 건축물들과 함께 지중해의 바다는 이 도시를 더욱 특별하게 만든다. 모네는 이곳에서 대운하와 성당, 두칼레궁전 등을 그렸다. 하지만 당시 알리스의 건강이 좋지 않았고 모네 역시 시력이 나빠지는 시점이어서 이곳에 오래 머물며 그림을 완성하지는 못했다. 여행을 마치고 지베르니로 돌아온 얼마 후 알리스는 결국 병으로 세상을 뜨게 된다.

알리스의 사망으로 상심한 모네는 두문불출하면서 베네치아에서 그렸던 그림들을 마무리했다. 이때 완성한 작품들이 지중해의 화려한 색을 담고 있으면서도 왠지 모르게 서글프게 느껴지는 것은 그저 선입견 때문일까? 몇 년 후 알리스의 뒤를 이어 큰 아들 장마저 병으로 세상을 떠나자 모네는 더 이상 그림을 그리기 힘들어졌다. 1913년에 기분 전환을 위해 스위스에 가기도 했지만, 그 이후로는 몸이 더욱 안 좋아지면서 더 이상 여행을 할 수 없었다.

〈앙티브, 오후의 효과〉, 캔버스에 유채, 66×82cm, 1888, 보스턴미술관, 미국

〈노르웨이, 눈 덮인 산드비켄 마을〉, 캔버스에 유채, 73×92cm, 1895, 시카고미술관, 미국

오후의 태양

지베르니에서 맞이한 벨 에포크

지베르니에 지은 보금자리

모네는 푸아시를 떠나면서 더 이상 알리스가 외롭지 않도록 가족들 곁에서 그림을 그리며 지내면 좋겠다고 생각했다. 그러자면 새로 정착할 곳에는 자신에게 예술적 영감을 줄 수 있는 풍경이 있어야 했다. 참으로 까다로운 부동산 선택 조건이다. 집값이나 편의성뿐 아니라 경치와 작업 환경도 고려해야 하니 말이다. 이러한 조건을 찾아서 가게 된 곳이 지베르니라는 작은 농촌이다. 지베르니는 센강의 지류인 엡트Epte강 가에 위치하며 주변 경관이 아름다운 곳이다. 집을 구하던 모네가 우연히 선술집에 들렀는데, 한 노인이 지베르니에 있는 토지와 그에 딸린 농가를 빌려주고 싶어 한다는 이야기를 들었다. 그는 바로 찾아가 계약을 한 뒤, 푸아시에서 배를 타고 센강을 따라 지베르니로 이사했다. 그리고 죽을 때까지 이곳에서 지냈다.

모네가 빌린 작은 농가는 그다지 좋은 집은 아니었지만 가족들과 함께 지내기에는 충분했다. 농가에 딸린 땅을 함께 빌렸기 때문에 정원도 꾸밀 수 있고, 바로 옆 강으로 나가 그림을 그릴 수도 있었다. 그는 항상 해온 대로 스튜디오 보트를 만들었고, 강가에 작은 창고를 지어 화구를 넣어두었다. 모네만의 새로운 야외 작업실이 생긴 것이다.

모네는 지베르니에서도 아이들을 데리고 강과 들을 다니며 즐거운 시간을 보내고, 그 순간을 포착한 그림을 그렸다. 알리스의 딸들은 파파 모네를 곧잘 따랐다. 특히 둘째인 블랑슈가 그림에 관심을 보이자, 모네는 자신이 부댕에게 배웠던 대로 블랑슈에게 자연 속에서 보이는 빛과 인상을 느끼며 그리라고 가르쳐주었다.

셋째 딸 수잔을 모델로 그린 〈양산을 든 여인〉에서 그림 속 여인은 당시 유행하는 흰 드레스를 입고 양산을 받쳐 쓰고 있다. 여인의 얼굴은 그늘에 가려서 분명하지 않지만, 그녀가 누구인지는 전혀 중요하지 않다. 그보다는 하늘과 구름, 인물과 잔디의 색 그리고 그림자를 통해 마치 바람이 눈에 보이는 것처럼 표현한 것에 주목해야 한다. 다른 한편으로 이 그림은 모네가 아르장퇴유에서 카미유와 장을 모델로 해서 그린 작품을 연상시킨다. 모네가 이때 카미유를 떠올렸는지는 알 수 없지만, 그림이 옛 분위기를 회복한 것에서 그의 상황과 마음이 아르장퇴유 시절만큼이나 안정되었다고 짐작해볼 수 있다.

〈양산을 든 여인〉에서 인물을 서로 다른 두 방향에서 그린 것처럼, 이 시기 모네는 다양한 화면 구성 방식을 시도했다. 그중 〈엡트 강에서의 뱃놀이〉는 과감한 구성이 돋보인다. 두 딸이 탄 배가 화면

1

2

1. 〈양산을 든 여인(야외에서 인물 그리기 습작 : 양산을 쓰고 오른쪽으로 몸을 돌린 여인)〉
캔버스에 유채, 131×88cm, 1886, 오르세미술관, 프랑스
2. 〈양산을 든 여인(야외에서 인물 그리기 습작 : 양산을 쓰고 왼쪽으로 몸을 돌린 여인)〉
캔버스에 유채, 131×88cm, 1886, 오르세미술관, 프랑스
풍경과 인물이 함께하는 모습을 연구하기 위해 그린 이 두 작품에는 빛과 그림자의 대조, 바람에 나부끼는 풀과 드레스 자락의 느낌이 잘 살아 있다. 여기서 사실적인 묘사나 원근법은 중요하지 않다. 모네는 빛과 그림자만으로 맑은 날 오후에 들판을 산책하는 느낌을 생생하게 재현해낸다.

〈엡트강에서의 뱃놀이〉 캔버스에 유채, 133×145cm, 1887, 상파울로미술관, 브라질
모네의 두 딸이 엡트강에서 배를 타는 모습을 그린 작품이다. 여기서 배와 노가 만들어내는
두 개의 긴 사선은 서로 다른 방향에서 화면을 가로지르며 긴장감을 형성한다. 녹색 색면 자
체도 단조롭지는 않다. 강 표면에는 물결의 움직임이 곡선의 붓질로 표현되어 있고, 그 위쪽으
로 풀을 나타내는 밝은 녹색과 푸른색의 작은 점들이 아기자기한 변화를 준다.

윗부분을 가로지르는 한편, 길고 가느다란 노가 왼편 앞쪽으로 길게 뻗어 있다. 그 결과 배의 몸통과 노가 각기 다른 방향의 사선으로 검은 녹색의 화면을 가로지른다. 이런 구도는 전형적이지는 않지만 이미 드가나 고갱 등이 즐겨 쓰는 방식이었고, 그 연원은 일본 목판화인 우키요에에서 찾아볼 수 있다. 당시 유럽에서는 일본 문화가 유행했는데, 특히 우키요에가 화가들에게 많은 영향을 미쳤다. 모네 역시 우키요에와 일본 문화를 좋아하여 지베르니의 저택에 많은 우키요에 작품들을 걸어놓았다. 서양의 원근법을 따르지 않고 단색면을 사용하는 우키요에식 구도가 〈엡트강에서의 뱃놀이〉에도 반영된 것으로 볼 수 있다.

모네는 집값도 비교적 싸고 아름다운 자연에 둘러싸인 지베르니에서 평온한 시간을 보냈다. 간혹 친구인 르누아르와 세잔을 만나러 엑상프로방스에 가거나 예술적 영감을 찾아 브르타뉴 지역의 벨일섬과 이탈리아 보르디게라 등지에 다녀오기도 했지만, 과거에 노르망디 해안에 머물 때처럼 알리스를 외롭게 내버려두지는 않았다. 틈나는 대로 자신의 상황을 전하고 알리스에 대한 그리움과 사랑을 표현하는 편지를 썼다.

하지만 여전히 에르네스는 알리스를 놓아주지 않았다. 간혹 아이들을 보러 지베르니에 들르기는 했지만, 그는 아이들과 알리스를 부양할 수 있을 만큼 경제적으로 회복하지 못한 상태였다. 그러다 1891년에 에르네스가 위독하다는 소식이 들려온다. 알리스는 파리에서 가서 그의 마지막을 지켜주고 장례를 치렀다. 그리고 이듬해에 모네와 알리스는 그간 치르지 못한 결혼식을 올렸다. 모네의 나이 쉰이 넘어서야 두 사람이 부부로 인정받을 수 있게 된 것이다.

색으로 가득한 모네의 집

모네의 흔적을 찾는 이번 여정에서 하이라이트로 생각한 곳이 바로 지베르니다. 미술에 크게 관심이 없는 사람들조차 지베르니 하면 모네를 떠올린다. 대개는 생라자르역에서 기차를 타고 베르농 Vernon에 내려서 버스를 타고 지베르니로 간다. 모네가 살았던 시절에도 베르농 기차역에서 내리는 것은 같았지만 그곳에서 마차를 타거나 걸어야 했다. 베르농도 작은 도시인데 거기서 더 들어가는 지베르니는 몇 가구 되지 않는 조용한 시골 마을이었고, 지금도 마찬가지다. 모네의 집이 위치한 덕분에 예술적으로 변모한 것 빼고는 말이다.

모네가 살았던 집은 담쟁이 넝쿨로 덮인 담장에 초록색 창문이 달려 있어 한눈에 알아볼 수 있다. 입구에 들어서면 넓은 꽃밭 정원이 펼쳐지고 그 오른편으로 분홍색 벽의 건물이 보인다. 안내를 따라 올라간 2층에는 모네와 알리스의 방 그리고 다른 자녀들이 출가하고 난 뒤에도 남아서 부모님 곁을 지켰던 둘째 딸 블랑슈의 방이 있었다. 1층에는 모네의 첫 번째 작업실이 가장 넓은 공간을 차지하고 있었는데, 이 방은 바닥이 살짝 아래로 내려가서 다른 방들보다 층고가 높았다. 벽면 가득 그림이 걸려 있고, 큰 창이 있어 밝은 햇살이 들어온다. 이는 모네가 생전에 이곳에서 찍은 사진을 토대로

지베르니의 명소가 된 모네의 집

모네와 알리스가 함께 말년을 보냈던 집으로, 현재는 클로드모네재단에서 관리하고 있다. 분홍색 벽과 하얀 몰드, 초록색 문과 창틀이 모네의 작품 속 색 조합을 연상시킨다.

그림으로 가득한 모네의 작업실

모네의 집 1층에 있는 작업실은 가구와 소품부터 벽에 걸린 그림까지 그가 살아 있을 당시의 모습을 그대로 재현해놓았다. 이 공간은 말년에 유명해진 모네를 찾아오는 많은 이들을 맞이 하는 응접실로도 사용되었다.

거의 똑같이 재현한 것이다. 화가의 집답게 모네 본인뿐 아니라 세
잔, 카유보트, 르누아르 등 그와 친분이 있었던 화가들의 작품이 걸
려 있다. 현재 이 작품들의 진본은 모두 마르모탕모네미술관에 소
장되어 있지만, 모사본들만으로도 그림이 가득 찼던 당시 집 안의
분위기를 느껴볼 수 있다.

놀라웠던 점은 집 안 곳곳에 정말 많은 우키요에가 걸려 있었다
는 것이다. 앞서 말했듯 모네는 일본 문화에 관심이 많아서 우키요
에를 모았고, 기모노를 입은 카미유를 그리기도 했다. 그가 정원에
설치한 '일본식 다리'도 우타가와 히로시게의 그림에서 모티브를
딴 것이다. 모네의 집에는 히로시게와 가쓰시카 호쿠사이의 대표적
인 작품들을 비롯해 여러 우키요에가 소장되어 있었다. 당연한 말
이겠지만, 한 예술가에 대해 이해하기 위해서는 그 사람의 작품을
들여다보는 것 못지않게 그가 좋아한 다른 예술품들에 대한 이해도
필요하다.

또 한 가지 흥미로웠던 것은 작업실만큼 커 보이는 부엌이었다.
루앙에서 가져온 청화백자 타일로 장식된 이 부엌은 당시에는 나름
최신식으로 꾸며진 공간이었다. 벽에는 반짝이는 조리 도구들이 마
치 장식품처럼 나란히 걸려 있다. 부엌 옆에는 노란색 다이닝룸이
있다. 모든 벽과 장식장, 식탁 의자까지도 노란색이어서 굉장히 따
뜻한 느낌이 들었다. 장식장 위의 청화백자와 벽에 걸린 다양한 색
감의 우키요에가 이와 잘 어우러져 노란색이 너무 강하게 느껴지지
는 않는다. 당시 모네를 방문하러 온 손님들이 적지 않았기 때문에
이 다이닝룸에서 많은 사람들이 시간을 보냈을 것이다.

모네의 집 다이닝룸과 부엌

모네는 서로 연결된 공간인 다이닝룸과 부엌을 꾸미면서 노란색과 파란색의 조화를 분명히
고려했을 것이다. 집 안을 장식한 우키요에와 청자, 청화백자 타일 등에서 당시 유행했던 중국
과 일본 문화의 영향을 감지할 수 있다.

자포니즘과 우키요에

유럽은 대항해시대를 맞이하여 아시아와 아프리카 등과 교류하며 그곳의 문물을 들여왔다. 그중에는 아프리카의 이국적인 조각이나 가면, 오래전부터 유럽인들을 사로잡았던 중국의 청화백자도 있었다. 특히 청화백자는 금보다 귀한 것으로 여겨지며 수요가 높았다. 청화백자뿐 아니라 중국의 차와 비단 등이 중국풍을 의미하는 '시누아즈리 Chinoiserie'라고 불리며 유행했다. 귀부인들은 중국 비단으로 만든 드레스를 입고, 청화백자 같은 공예품을 모으며, 살롱을 열어 중국차를 함께 마시는 것을 즐겼다. 하지만 명에서 청으로 교체되는 시기에 정세가 혼란스러워지자 중국과의 교역이 어려웠고, 이때 급부상한 것이 일본이었다.

에두아르 마네, 〈에밀 졸라의 초상〉, 캔버스에 유채, 146.5×114cm, 1868, 오르세미술관, 프랑스

유럽인들이 보기에 일본과 중국의 문화는 비슷했다. 청화백자도 있고 먹으로 그린 그림이나 비단으로 된 기모도도 있었다. 게다가 일본 상인들은 유럽인들의 취향에 맞는 제품을 생산해주기도 했다. 가령 동양과 달리 접시를 주로 사용하는 유럽인들의 수요에 맞춰 그들이 선호하는 문양을 담은 도자기 접시를 만들어 팔았다. 이때 유럽에 팔린 도자기를 만든 것이 일찍이 임진왜란 때 조선에서 끌려갔던 도공들의 후예라는 점은 안타까운 사실이다.

유럽인들은 이전의 시누아즈리처럼, 도자기뿐 아니라 다양한 일본 문화를 수입했다. 파리 거리에서 다다미나 병풍, 부채, 기모도 등 일본 물건을 구하는 것이 그리 어렵지 않았고 뒤랑뤼엘이나 테오 반 고흐 같은 화상들도 청화백자나 우키요에를 구해서 판매했다. 모네 역시 자포니즘 Japonism이라는 당대의 유행을 반영하여 부인인 카미유에게 기모노를 입히고 부채를 들게 해서 〈일본 여인〉이라는 제목의 그림을 그렸다.

〈일본 여인(기모노를 입은 카미유 모네)〉, 캔버스에 유채, 232×142cm, 1876, 보스턴미술관, 미국

인상주의자들을 비롯해 많은 유럽 화가들에게 영향을 미친 우키요에는 원래 청화백자를 운반할 때 깨지지 않도록 보호하는 포장재 혹은 완충재 같은 것이었다고 한다. 당시 일본은 에도시대로, 조닌이라고 하는 상공업자들이 부를 얻으면서 새로운 중산층으로 떠오르고 있었다. 이들은 도시 근교를 여행하는 것을 즐겼지만 현실적으로 자주 여행을 다니는 것은 불가능했다. 그래서 당시 호쿠사이나 히로시게 같은 작가들이 일본의 유명한 경치를 소재로 한 우키요에를 제작했고 이에 대한 인기가 높았다. 우키요에는 회화 작품처럼 유일무이한 것이 아니라 수십 장, 수백 장씩 찍어낼 수 있는 판화였기 때문에 낮은 가격에 많은 사람들에게 소비되었다. 그러니 청화백자를 수출하는 사람들이 어디에서든 흔히 구할 수 있는 우키요에를 완충제로 사용한 것이다.

우키요에의 독특한 색감과 구성에 매료된 파리의 화상들은 아예 우키요에 자체를 주문해서 수입했다. 높은 파도와 후지산 풍경을 담은 것으로 우리에게도 익숙한 호쿠사이의 작품이 이 시기에 유럽으로 날개 돋친 듯 팔렸다. 인상주의 화가들은 우키요에에서 받은 영향을 다양한 방식으로 작품에 반영했다. 밝고 화려한 색상, 전경의 사물을 클로즈업한 듯한 독특한 화면 구성, 배경을 단색 면으로 처리하는 기법 등이 그 예다. 모네는 우키요에에서 본 아치형 다리를 자신의 정원 연못에 설치하기도 했다.

가쓰시카 호쿠사이, 〈가나가와 해변의 높은 파도 아래〉
다색판화, 25.5×37.5cm, 19세기경, 기메국립아시아미술관, 프랑스

초록 대문으로 들어와 분홍색 벽으로 된 집의 노란 다이닝룸에서 함께하는 저녁 시간은 어땠을까? 이토록 여러 가지 색이 한데 모여 있으니 언뜻 산만한 분위기를 연상할 수도 있겠지만, 빛의 화가 모네의 집답게 이 다양한 색들은 서로 조화를 이루면서 보는 이를 즐겁고 편안하게 해주었다.

인정받는 화가가 되다

모네가 지베르니에서 새로운 보금자리를 가꾸고 있을 때, 비록 인상주의는 해체되었지만 뒤랑뤼엘은 인상주의자들의 그림을 들고 미국으로 건너갔다. 인상주의자들도 당시에 모르던 것이 있다. 그들에게 세계 미술과 문화의 중심은 파리였다. 오늘도 그랬고 내일도 계속 그럴 것 같았다. 미국의 새로운 중산층과 상류층이 빠르게 성장하고 있었지만 유럽인들에게 미국은 여전히 미지의 장소이자 개척해야 할 땅일 뿐이었다. 20세기에 들어서서 발발한 두 번의 전쟁으로 세계 경제와 정치뿐 아니라 예술의 중심 역시 미국으로 옮겨갈 것이라는 사실을 당시 파리지앵들은 상상조차 하지 못했다. 실제로 미국에서 부를 얻어 문화를 향유하고자 하는 적지 않은 사람들이 파리에 집을 사두고 살롱을 열어 예술가들을 후원하고 교제했다. 하지만 그 와중에 뒤랑뤼엘은 미국 본토에서도 미술 시장이 새롭게 열릴 것이라 예측했다. 그의 예상은 적중했다.

뒤랑뤼엘은 미국에 진출하기 위한 첫 단계로 파리에 있는 미국인들과 교류했다. 그러다 1886년에 미국미술가협회 뉴욕지부에서 그에게 전시를 개최해줄 것을 제안했다. 이에 뒤랑뤼엘은 아들과 함께 그간 사들였던 인상주의 작품 300여 점을 들고 미국으로 건너갔다. 여기에는 모네의 작품뿐 아니라 마네, 시슬레, 드가, 르누아르, 피사로의 그림이 있었다. 정작 이 화가들은 뒤랑뤼엘의 행보에 크게 신경 쓰지 않았다. 오히려 모네는 자신의 작품을 그렇게 많이 갖고만 있었던 뒤랑뤼엘을 책망하기까지 했다. 그러나 뒤랑뤼엘이 성사시킨 인상주의 전시는 그야말로 성공적이었다.

1874년 파리에서 처음 인상주의 전시회가 열렸을 때와는 분위기가 전혀 달랐다. 미국인들은 열린 마음으로 진지하게 작품을 바라보았고, 평론가들과 기자들은 신문과 잡지에 좋은 평가를 실었다. 특히 〈아르장퇴유의 양귀비밭〉 같은 모네의 작품들이 가장 주목받았다. 파리에서와 다른 뉴욕의 분위기에 대해 여러 해석이 있을 수 있다. 10여 년이라는 시간 차도 있었고, 소위 미술의 전통이라는 것이 확고했던 프랑스와 달리 미국은 온갖 새로운 것들이 용인되는 사회였다는 점이 인상주의의 수용에 영향을 미쳤을 것이다. 전시회를 마친 뒤랑뤼엘은 의기양양했다. 무엇보다 의구심을 가졌던 화가들에게 자신의 생각이 틀리지 않았음을 돈으로 증명해보였기 때문이다.

뒤랑뤼엘은 바로 지베르니로 가서 모네에게 다음 전시를 계약하자고 제안했다. 미국에서 좋은 반응이 있었다는 소식을 들었음에도 모네는 여전히 부정적인 입장이었다. 하지만 뒤랑뤼엘은 굴하지 않고 다음 전시회를 추진하기 위해 뉴욕에 갤러리를 열었다. 그는 자기 아들에게 이 갤러리를 맡겨 인상주의자들을 소개하고 작품을 꾸준히 거래할 수 있도록 했다. 이런 뒤랑뤼엘의 노력은 결국 모네에게 세계적인 명성과 함께 부를 가져다주었다.

2019년 5월 뉴욕에서 열린 소더비 경매에서 새로운 기록이 나왔는데, 그 주인공은 다름 아닌 모네의 〈건초더미〉였다. 당초 예상가는 655억 원 정도였지만 두 배를 넘겨 1,315억 원인 1억 1,070만 달러에 낙찰되었다. 이 작품은 모네가 1890년 전후로 지베르니에서 그린 스물다섯 점의 연작 중 하나로, 1891년에 뒤랑뤼엘갤러리에서 판매된 후 여러 소장자를 거쳤다. 스물다섯 점 중 미술관에 소장되지 않은 작품은 여덟 점밖에 되지 않는 데다, 경매 시장에 잘 나오지 않는 희귀 작품이라는 점이 높은 가격 형성에 한몫했을 것이다. 이 기사를 접하고 모네의 인기가 여전히 높다는 사실과 함께 모네 작품의 가치를 더 넓은 세상에 알리기 위해 모험도 마다하지 않았던 뒤랑뤼엘의 노력을 떠올렸다.

곡창지대가 발달한 프랑스에서 건초더미는 농사와 떼려야 뗄 수 없는 것으로, 들판에서 흔하게 볼 수 있다. 모네뿐 아니라 밀레 같은 바르비종파 화가들이나 고갱과 고흐도 건초더미를 그렸고, 더 오래 전으로 거슬러 올라가면 중세 시대에 만들어진 달력에도 농사 절기와 함께 건초더미가 표현되어 있다. 하지만 모네의 관심과 접근 방식은 그들과 달랐다. 모네의 그림에서 건초더미는 농민의 삶을 묘사하기 위한 하나의 요소가 아니라, 그 자체로 중심 소재다. 에트르타 해안에서 상황에 따라 변화하는 절벽과 하늘과 바다의 색에 주목했듯, 모네는 시간과 날씨와 계절에 따라 변하는 건초더미의 색

〈**건초더미**〉 캔버스에 유채, 73×93cm, 1890, 개인 소장

해 질 무렵, 수확을 마친 들판에 건초더미가 원뿔 모양으로 쌓여 있는 풍경을 그린 이 작품은
2019년 뉴욕 소더비 경매에서 낙찰가 신기록을 세웠다. 독특한 색감과 구도, 사선의 붓질이
시선을 끈다.

에 주목했다. 그 속에는 어떤 이야기도 구체적인 상황도 없다. 다양한 조건에 따라 달라지는 빛과 그것의 표현인 색으로만 가득할 뿐이다.

이렇게 하나의 대상을 여러 관점으로 표현하는 연작 개념은 우키요에의 대가 호쿠사이의 대표작인 〈후지산 36경〉에서 영향을 받은 것으로 알려졌다. 이 작품은 판화로 제작되어 전 세계에 퍼졌고, 모네도 이를 수집했다. 호쿠사이는 후지산을 중심으로 한 서른여섯 가지 경치를 우키요에로 만들었는데, 모네 역시 건초더미와 포플러나무에서 빅벤과 루앙대성당까지 다양한 연작을 남겼다는 점에서 비교가 될 만하다.

〈건초더미〉 연작에서 또 하나 눈여겨봐야 할 것은 화면 분할 방식이다. 건초더미의 원뿔과 원기둥, 지평선 그리고 먼 산이 만들어내는 기하학적인 선들은 단순히 자연의 풍경이 아니라 화면을 짜임새 있게 구성하고 분할하는 요소가 된다. 이런 방식은 훗날 추상회화에서 더 명확해지지만, 모네의 연작들 역시 이를 훌륭하게 보여주고 있다.

프랑스의 시인 스테판 말라르메는 1891년 뒤랑뤼엘갤러리에 전시된 〈건초더미〉 연작을 '진정한 사실을 그린 것'으로 평가했다. 그는 흔히 사실적인 묘사라고 여겨지는 사물의 껍데기가 아니라, 빛을 통해 드러나는 진실이 모네의 그림에 담겨 있다고 보았다. 말라르메뿐 아니라 다른 비평가들과 대중 역시 〈건초더미〉 연작을 긍정적으로 평가했고, 전시된 작품은 모두 팔렸다. 인상주의 전시회에서 〈인상, 해돋이〉를 선보인 지 17년 만에 모네가 많은 사람들에

1. **〈건초더미, 아침 효과〉** 캔버스에 유채, 65×92cm, 1889, 개인 소장

2. **〈건초더미, 석양〉** 캔버스에 유채, 65×92cm, 1889, 사이타마 현립근대미술관, 일본

게 사랑받는, 진정한 의미에서 성공한 작가가 된 것이다. 이에 앞서 1889년에는 모네와 로댕이 각각 프랑스를 대표하는 화가와 조각가로서 2인전을 하기도 했다. 불과 10년 전만 하더라도 상상할 수 없는 대우였다. 인상주의의 대표자인 모네의 성공은 이제 인상주의자들뿐 아니라, 그 뒤를 잇고자 하는 여러 젊은 작가들에게도 희망을 주는 소식이었다.

여러 화상들이 앞다투어 모네의 작품을 구입하고 싶어 했다. 그중 고흐의 동생이자 유능한 화상인 테오 반 고흐는 모네의 작품을 런던에 소개하고 좋은 가격에 팔기도 했다. 더 이상 모네는 돈으로 어려움을 겪을 일도, 걱정을 할 필요도 없게 되었다. 집주인이 집을 팔고 싶어 하자 뒤랑뤼엘에게 가불을 받아 그 집을 샀다. 드디어 이사를 가지 않아도 되는 자기 집이 생긴 것이다. 그리고 작품 대금을 모아 엡트강 가의 땅도 구입했다.

〈건초더미〉 연작의 성공 후, 모네는 집 근처 엡트강을 따라 줄지어 서 있는 포플러 나무에 주목했다. 건초더미를 그렸을 때처럼 그는 포플러 나무 자체에 주목했고, 형태와 구성은 동일하게 하되 작품마다 날씨와 시간에 따라 다른 색을 포착하여 그렸다. 특히 이 작품에서는 그간 모네가 실험해오던 구성의 독특함이 강조된다. 가장 큰 특징은 포플러 나무 세 그루의 윗부분이 잘려 있다는 점이다. 앞서 두 딸의 뱃놀이를 그린 작품처럼, 그는 대상을 과감하게 잘라냈다. 그 결과 수직의 포플러 나무와 물의 수평선 그리고 뒤로 보이는 나무들이 이루는 타원이 화면 구성을 다채롭게 만든다. 또한 나무의 잘린 부분이 화면 밖으로 뻗어 있음을 상상하게 하여 그림의 공

———————

1. 〈세 그루 나무, 가을 효과〉 캔버스에 유채, 92×73cm, 1891, 개인 소장
2. 〈흐린 날의 세 그루 나무〉 캔버스에 유채, 92×73cm, 1891, 개인 소장
포플러 나무 연작에서 모네는 시간과 날씨에 따라 달라지는 대상의 색과 분위기뿐 아니라 독특한 기하학적 배치에 중점을 두었다. 나란히 선 나무들의 윗부분을 인위적으로 잘라서 마치 수직선이 반복되는 듯 배치했고, 그 뒤편으로 멀리 보이는 나무들이 타원형을 이루게 했다.

〈포플러 나무, 가을, 분홍 효과〉 캔버스에 유채, 93×74cm, 1891, 필라델피아미술관, 미국

간을 확장한다. 그 결과, 실제 존재하는 풍경을 그렸음에도 어딘가 색다르게 보이는 효과가 나타난다. 이러한 구성은 사실 현대 사진에서 흔히 볼 수 있는 방식이지만, 모네가 그림을 그리던 시기에는 신선한 시각적 자극으로 다가왔다.

모네가 작품 하나를 그리는 시간은 그리 길지 않았을지 몰라도, 연작 작업을 하기 위해서는 여러 시간대와 다양한 날씨를 경험해야 했다. 따라서 적어도 한두 계절 정도는 지나야 그가 만족할 만한 작품들이 나왔다. 그런데 하필 그가 포플러 나무를 그리던 시기에 이 나무들이 서 있는 땅이 경매에 넘어가 곧 잘릴 위기에 처했다. 이 소식을 들은 모네는 그림 그리는 것을 포기하는 것이 아니라 문제를 해결할 방법을 찾았다. 유력한 낙찰자들을 찾아가 경매에 참가해달라고 부탁하면서, 자신이 그림을 완성할 때까지만 나무를 베지 말아달라고 했다. 그로 인해 발생하는 손해는 자신이 변제해주겠다고 제안했다.

예전에 생라자르역을 그리기 위해 역장을 찾아가서 허락을 해주지 않으면 북역으로 가겠다고 했던 그 패기가 이번에도 진가를 발휘했다. 다행히 제안은 수락되었고, 모네가 스무 점의 연작을 완성할 때까지 나무는 베어지지 않았다. 대신 더 흥미로운 일이 일어났다. 그가 〈포플러 나무〉 연작을 다 완성하기도 전에 이 작품들에 대한 경매가 이뤄진 것이다. 이미 유명한 화가였던 모네의 작품이 지닌 경제적 가치는 누구나 알 수 있었고, 급기야 그림이 완성되기도 전에 그 주인이 정해지는 진기한 상황이 벌어졌다. 경매되지 않은 나머지 작품들도 뒤랑뤼엘갤러리에 전시되어 전부 높은 가격에 팔렸다.

모네에게 더 이상의 배고픔과 추위는 없었다. 집뿐 아니라 땅도 있고, 그림은 그리는 족족 팔려나갔다. 자신의 그림에 대해 사람들에게 설명할 필요도 없고, 돈을 빌리기 위해 주위 사람들에게 아쉬운 소리를 할 이유도 없었다. 이러한 성공에는 인상주의가 널리 받아들여지고, 심지어 주류 미술이 되었다는 것도 한 원인이었을 것이다. 더불어 정작 모네를 비롯한 인상주의자들은 코웃음을 쳤지만, 미국 시장의 잠재력을 믿었던 뒤랑뤼엘의 선견지명도 큰 역할을 했다.

존재하지만 보이지 않는 것을 그리다

1890년대에 들어서면서 모네는 현실적인 상황이나 작업 방향 모두 안정되어 이제야말로 탄탄대로를 타고 나아가는 것만 남아 있었다. 모네는 멈추지 않았다. 아니 이전보다 더 확신을 갖고 그림에 전념했다. 〈포플러 나무〉 연작을 마친 다음 해인 1892년 2월부터 4월까지 그는 형인 레오가 있는 루앙으로 갔다. 루앙 역시 센강 유역에 있는 도시지만, 지베르니와는 비교할 수 없을 정도로 규모가 크다. 루앙 부근은 강의 수심이 깊었기 때문에 르아브르와 옹플뢰르를 거쳐 센강 하구에서 들어오는 여객선과 화물선이 이곳까지 도달하고는 했다. 덕분에 당시 루앙은 내륙에 있으면서도 항구도시의 역할을 담당했다. 지금은 고속철도와 비행기의 발달로 해운이 예전만 못하지만, 그래도 루앙은 여전히 교통의 요지다.

모네는 간혹 형을 만나러 루앙에 가고는 했지만 이번에는 다른 목적이 있었다. 그간 해왔던 연작의 일환으로 루앙의 중심에 있는 대성당을 그려보기로 마음먹었다. 오랜 시간 한자리에서 그릴 수 있는 장소를 찾아야 했는데, 성당 앞 상점의 2층이 적당해 보였다. 모네는 이곳의 한편을 빌려 창을 통해 보이는 성당의 모습을 그렸다. 그는 아침 8시부터 저녁 6시경까지 작업하면서 점심시간 외에는 거의 쉬지 않고 그림을 그렸다. 시간에 따라 변화하는 모습을 담아야 했기 때문에, 에트르타에서 그랬듯 한 번에 아홉 개에서 열두 개까지 캔버스를 늘어놓고 바꿔가며 그렸다.

모네는 알리스에게 보낸 편지에서 자신이 얼마나 열심히 그리고 있는지 알리는 한편, 대성당이 지긋지긋하다는 투정도 한다. 하나의 대상을 놓고 며칠 동안 쉬지 않고 그림을 그리니 신물이 날 만도 하다. 그나마 원하는 날씨나 상황이 허락되지 않으면 작업이 지연되었다. 그는 열흘 정도 그림에 집중한 후 지베르니에 가서 며칠을 쉬고는 했는데, 간혹 힘들어서 앓기도 했다. 3개월 가까이 작업했는데도 원하는 만큼의 결과를 얻지 못하자, 이듬해에도 같은 시기에 3개월가량 루앙에 머물렀다. 그렇게 해서 50점의 〈루앙대성당〉 연작이 완성되었다.

〈건초더미〉〈포플러 나무〉 그리고 〈루앙 대성당〉 연작까지 하나의 대상을 놓고 시시각각 변화하는 빛을 물감의 색으로 구현하면서 모네는 점차 자신이 추구하는 회화의 이상에 가까워져가고 있었다. 이러한 작업 방식에 대해 모네는 대상 자체를 그리는 것이 아니라 '자신과 대상 사이에 있는 것'을 그린다고 했다. 다시 말해 루앙대성당이라는 대상이 아니라, 루앙대성당과 자신 사이에 있는 공기, 바람, 안개, 온도, 습기, 시간 그리고 빛 등의 요소들을 그리고자 했다. 분명 우리 주변에 존재하지만 보이지 않거나 만질 수 없어서 마치 존재하지 않는 것처럼 여겨졌던 요소들을 그는 주목했던 것이다. 모네는 이렇게 '사이에 있는 것'들을 '덮개enveloppe'라고 불렀다. '덮개'는 세상의 모든 사물들을 감싸고 있으며, 고정되어 있지 않고 끊임없이 변하는 순간성을 지닌다. 덮개는 지금 이 순간에도 우리 주변에 있다. 매일 출퇴근하면서 반복적으로 마주치는 거리도 아침과 낮과 밤에 달리 보이고, 햇볕이 내리쬐거나 비가 올 때의 모습이 또 다르다. 우리는 이런 변화를 제외하고 고정되어 있는 객관적 대상들을 인식하는 데 익숙하지만, 감각적으로는 언제나 '덮개'의 존재를 알고 있다. 아침에 일어나 '오늘 하늘이 정말 파랗다'라고 생각하면서 말이다.

루앙대성당은 14세기부터 16세기에 걸쳐 조금씩 증축되면서 고딕 성당의 형태를 갖췄다. 제2차 세계대전 때 여러 차례의 공습으로 파괴되었다가 지금은 복원한 상태다. 모네가 그린 루앙대성당은 서쪽 면만 보이기 때문에 전체가 어떤 모습인지 궁금했는데, 실제로 본 대성당의 모습은 자못 놀라웠다. 비슷한 시기에 지은 파리의 노트르담대성당보다 훨씬 웅장한 느낌이어서 위압감마저 감돌았다. 노트르담대성당이 귀부인의 우아함을 지녔다면, 루앙대성당은 장군의 근엄함을 가진 듯 보였다. 외벽이 전부 흰 대리석으로 되어 있지만, 다양한 조각들로 인해서 입체감과 무게감이 느껴진다. 루앙이 백년전쟁의 무대이고, 성당 바로 옆 광장에서 잔다르크가 화형을 당

〈**루앙대성당, 흐린 날씨**〉캔버스에 유채, 100×65cm, 1894, 오르세미술관, 프랑스

연작의 모든 작품들은 대성당의 서쪽 입구와 탑을 묘사하고 있다. 방향은 약간씩 다르지만 거의 동일한 풍경을 그렸다는 것을 알 수 있다. 반면에 각 작품마다 색채의 차이는 크다. 이른 아침에 긴 안개로 푸르스름하게 보이기도 하고, 한낮의 햇살로 하얗게 빛나기도 한다. 저녁 어스름에는 회색빛을 띠다가 해가 거의 넘어가면 검게 변한다.

1. 〈루앙대성당, 정면과 알바니탑, 아침 효과〉

캔버스에 유채, 106×74cm, 1894, 보스턴미술관, 미국

2. 〈해가 비치는 루앙대성당 정문〉

캔버스에 유채, 100×66cm, 1894, 메트로폴리탄미술관, 미국

3. 〈루앙대성당, 정문과 생로맹탑, 햇살 가득한 파란색과 금색의 조화〉

캔버스에 유채, 107×73cm, 1894, 오르세미술관, 프랑스

4. 〈루앙대성당, 저녁, 갈색의 조화〉 캔버스에 유채, 107×73cm, 1894, 오르세미술관, 프랑스

루앙대성당

했다는 역사를 들어서인지 건물 자체가 나를 내리누르는 듯한 느낌이 들었다.

루앙대성당 연작과 관련하여 재미있는 일화가 하나 전해진다. 사실 대성당을 보고 있노라면 누구라도 그 안에 들어가보고 싶은 마음이 일 것이다. 게다가 모네처럼 몇 달씩이나 대성당을 바라보며 작업을 한다면 그 내부가 궁금할 법도 하다. 하지만 모네는 연작을 마무리 지을 무렵이 되어서야 추기경의 묘비 제막식에 초청을 받아 처음으로 성당 안에 들어갔다고 한다. "성당 내부도 이렇게 좋은데 들어와볼 걸 그랬다"라는 것이 그가 했던 말이다. 그뿐만이 아니다. 모네가 작업실로 쓰기 위해 빌렸던 공간이 여성복 상점의 탈의실 옆이었는데, 옷을 갈아입으러 오는 여성들이 모네가 신경 쓰인다고 불평을 하자 칸막이를 세워 숨어서 그림을 그렸다고 한다. 정작 모네는 대성당에만 관심을 두느라 여성들을 눈여겨볼 겨를이 없었다. 소위 역사에 남을 만한 위대한 인물에게 이 정도의 몰입은 당연한 것일까?

꽃의 정원과 물의 정원

모네는 그간 숱하게 옮겨 다니던 생활을 마치고 지베르니에서 남은 30여 년의 인생을 보냈다. 모네와 거래하려는 화상들이 줄을 섰고, 전시가 열리는 대로 대부분의 작품이 팔렸다. 이즈음 아이들도 성장하여 독립을 시켰는데, 그중 알리스의 둘째 딸 블랑슈는 모네의 첫째 아들 장과 결혼했다. 모네가 사랑하는 딸인 블랑슈가 다른 곳으로 떠나지 않고 이제 며느리로서 그의 곁에 있게 된 것이다. 다른 자녀들도 각자 자신의 가정을 꾸렸다.

　아이들도 장성하고 더 이상 경제적인 걱정이 없어지자 모네는 말년의 예술혼을 불태울 공간으로서 정원을 아름답게 꾸미고자 했다. 당시 정원이 딸린 집에 사는 것은 중산층의 꿈이었다. 모네 역시 그간 아르장퇴유, 베퇴유, 푸아시에서 바쁘게 지내는 와중에도 늘 정원 가꾸기를 즐겼다. 자신이 "그림과 정원 가꾸기 외에는 다른 사람들보다 잘하는 게 없다"라고 말하기도 했다. 그런 모네에게 지베르니의 집은 꿈을 실현하기에 더없이 좋은 장소였다. 게다가 지금 그에게는 자신의 작업에 필요한 정원이 어떤 모습인지가 그 어느 때보다 더 명확했다.

　모네가 꿈꾸는 정원을 꾸미려면 우선 강물을 끌어다가 연못을 만들어야 했다. 이를 위해서 엡트강 가의 땅을 구입했지만 강물을 끌어 오기 위해서는 정부의 허가가 필요했다. 주로 농업에 종사하는 지역 주민들은 이 이해할 수 없는 허가 신청에 반대했다. 농사를 짓기 위해서가 아니라 단지 정원에 연못을 만들기 위해 물을 끌어다 쓴다는 것은 그들에게 납득할 수 없는 일이었다. 모네는 단순히 정원을 꾸미기 위해서가 아니라 그림의 소재로 연못이 필요하다는 점을 강조했지만, 6개월이 지나서야 허가를 받을 수 있었다. 그런데 왜 굳이 연못을 만들고 싶었을까? 지척에 엡트강과 센강을 두고서 말이다. 원하면 언제든 기차를 타고 그가 사랑하는 노르망디의 바다 풍경을 보러 갈 수도 있었다. 모네가 연못을 만든 이유는 두 가지 정도로 생각할 수 있다.

〈수련과 일본식 다리〉 캔버스에 유채, 90.5×90cm, 1899, 프린스턴대학미술관, 미국

우타가와 히로시게, 〈가메이도텐 신사 내부〉

다색 목판화, 36.2×24.8cm, 1856, 메트로폴리탄미술관, 미국
모네에게 영향을 주었다고 알려진 우키요에의 대가 히로시게의 작품이다. 전경에 등나무 줄기가 늘어져 있고 그 뒤로 모네의 정원에 설치된 것과 닮은 아치형 다리가 보인다.

먼저 연못은 수면을 연구하기에 좋은 소재였기 때문이다. 모네는 빛만큼이나 '물'을 사랑했다. 바다와 강을 즐겨 그린 것은 물을 표현하는 데 관심이 많아서다. 물은 날씨의 변화에 민감하게 반응한다. 날이 맑을 때와 흐릴 때 바다의 색이 달라지는데, 이는 빛의 산란뿐 아니라 물의 온도나 미생물의 서식 등 다양한 요인들 때문이다. 물론 모네는 그런 과학적인 이유보다는 눈에 보이는 색의 차이를 탐구하여 화폭에 담고자 했다. 물에 대한 관심은 곧 수면에서 반짝이는 빛에 대한 관심이다. 스튜디오 보트를 만들어 타고 그림을 그리던 시절, 그는 강 위로 쏟아지는 빛이 물결에 따라 작은 점이 되고 강 주변의 나무와 꽃 들이 강에 비쳐 물그림자를 만드는 모습에 주목했다. 수면에서 나타나는 이런 빛의 시각적 효과를 가까이에서 좀 더 세밀하게 관찰하기 위해 연못이 필요했을 것이다.

또 다른 이유는 일본 문화에 대한 관심이었다. 모네는 당시 유행하던 자포니즘에서 받은 영향을 그림으로 나타냈을 뿐 아니라, 더 나아가 직접 가보지도 않은 일본 정원을 자신의 정원에 구현하려고 했다. 특히 히로시게의 판화에서 본 둥근 아치형 다리를 일본식 다리라고 생각하고 이것을 연못 위에 설치하고 싶어 했다. 선禪 사상을 기반으로 한 일본의 정원은 모네가 생각한 것과 다르지만, 그는 우키요에에서 보던 이미지들을 토대로 자신이 생각하는 일본식 정원을 만들었다. 그리고 이것을 '물의 정원'이라고 불렀다.

모네의 개인적 취향과 예술적 이상이 담긴 지베르니의 정원은 지금도 그의 그림을 사랑하는 사람들에게 살아 있는 그림과 같은 곳으로 남아 있다. 비록 모네가 가꿨던 과거의 모습 그대로는 아니지만, 모네 재단에서 잘 관리한 덕분에 여전히 아름다운 모습으로 관람객들을 맞이한다. 모네의 집에서 분홍색 건물을 나서면 바로 앞에 장미 넝쿨 아치가 세워진 길이 있고, 이 길 양옆으로 꽃들이 가득 피어 있다. 그 사이사이로 난 길들을 따라 꽃을 구경하면서 걷다보면 꽤 오랜 시간이 걸릴 정도로 규모가 크다.

모네는 그림을 그리듯 색 배합을 고려해 정원을 꾸몄다고 한다. 여러 명의 정원사를 고용하고 꽃의 품종과 개화 시기에 따라 언제 어떤 꽃을 심고 가꿀지 세세하게 관리했다. 이렇듯 모네가 정원에 관심이 많았던 것은 고모 르카드르가 자신의 저택에서 수많은 꽃들을 가꿨던 것과도 연결 지어볼 수 있다. 모네는 누구보다 자연을 사랑했고 자신의 정원이 형형색색의 꽃으로 가득 차기를 원했다.

꽃향기에 취해 정원을 거닐다보면 한구석에 물의 정원으로 가는 표지판이 나온다. 표지판을 따라가면 모네의 집 밖에 있는 도로 아래 지하도로 이어진다. 지하도 위로 올라가면 하늘이 보이지 않을 정도로 높게 뻗은 나무들 사이로 물의 정원에 들어서게 된다.

모네가 엡트강의 물을 끌어다 만든 정원은 그저 단순한 연못이 아니다. 그가 죽기 직전까지 혼신을 다해 그린 〈수련〉 연작이 탄생한 곳이자, 그 자체로 하나의 거대한 작품이다. 그는 정원에 길게 물길을 내어서 이를 따라 물이 흐르게 하고 그 위에 '님페아*Nymphæa*'라는 학명의 수련을 심었다. 이 수련은 일본에서 들여온 것으로, 모네가 만들고자 한 일본식 정원의 핵심이었다. 연못 주변에는 대나무와 함께 버드나무를 심어서 가지가 수면에 비치도록 했고, 그 유명한 녹색의 일본식 다리를 세웠다. 모네는 전해 들은 이야기나 자료,

꽃의 정원

모네는 이곳에 시기마다 다른 꽃들을 심고 키웠다고 한다. 형형색색의 꽃들로 가득한 모네의 정원에서 관람객들 모두 카메라를 들고 사진을 찍기에 바빴다. 이 아름다운 정원을 모네와 그의 가족들은 매일 볼 수 있었을 거라 생각하니 새삼 부럽기도 했다.

물의 정원

모네가 엡트강의 물을 끌어다 만든 연못과 히로시게의 우키요에에서 영감을 받아서 만든 다리다. 히로시게의 작품 속 다리는 나무나 돌로 만들어졌지만, 모네는 녹색의 철제 다리를 놓아서 주변의 자연 경관과 잘 어우러지게 했다. 모네의 작품에 자주 등장한 덕분에 그의 넓은 정원 가운데서도 가장 사랑받는 지점이다.

그림 등을 토대로 자신이 상상한 일본 정원을 구현했지만, 만약 그가 일본에 가서 직접 정원을 보았다면 생각이 많이 달라졌을 것이다. 실제 유명한 일본의 정원들은 모네가 꾸민 것보다 훨씬 인위적이고 장식적이기 때문이다. 모네는 여느 유럽인들과 마찬가지로 비서구권의 문화를 매우 자연적이라고 상상했던 것 같다.

키 큰 나무들 사이를 걸으며 연못과 그 위에 떠 있는 수련과 작은 배를 바라보다보니 이 광경이 모네의 그림과 너무도 똑같다는 생각이 들었다. 모네가 사랑한 연못의 표면에 수련과 나뭇잎 그리고 하늘이 비쳤다. 거울처럼 주변의 모든 것을 비추는 수면은 그 자체로 모네의 그림과 같았다. 모네는 그저 이 모습을 화폭에 옮겼던 것이다. 그렇게 한동안 물의 정원을 걷고 벤치에 앉아 햇살과 바람을 느끼고 풀과 나뭇잎이 스치는 소리를 들으며 살아 있는 모네의 작품을 만끽했다. 쉬이 발걸음이 떨어지지 않았다.

아쉬운 마음을 안고 출구를 찾으니 분홍색 집 옆의 다른 건물로 들어가게 되어 있었다. 이곳은 모네가 오랑주리미술관에 걸릴 대장식화 〈수련〉을 그리기 위해 만든 거대한 작업실이다. 1914년부터 구상하여 1916년에 완성한 그의 세 번째 작업실로, 꽤 널찍한 면적과 높은 천장에서 마지막으로 거대한 작품을 완성하고자 한 모네의 의지를 가늠해볼 수 있었다. 지금 이곳은 모네의 집을 떠나기 아쉬운 사람들을 위해 다양한 기념품과 책 등을 파는 상점으로 활용되고 있다.

세상의 모든 색을 다 품은 듯한 모네의 집을 뒤로하고 지베르니 마을을 둘러보았다. 지베르니는 강가의 작은 마을이지만, 모네의 집이 위치한 덕분에 관광객들의 발걸음이 끊이지 않는다. 인상주의 미술관을 비롯해, 모네의 작품이나 인상주의에 영향을 받아 풍경화를 그리는 화가들의 작업실과 갤러리도 여럿 눈에 띈다. 신기했던 것은 거리 곳곳에 그리고 거의 모든 집에 정원이 아름답게 꾸며져 있다는 점이다. 모네의 정원에서 꽃씨들이 날아와 자랐을 수도 있지만, 한눈에도 이곳 주민들이 모네의 집에 버금가게 아름다운 정원을 꾸민 것으로 보였다. 지베르니는 그야말로 꽃으로 가득한 마을이다.

　마을 골목을 걸으며 모네가 살았을 때의 지베르니 마을은 어떤 분위기였을지 상상해보았다. 작은 마을인 만큼 사람들은 서로를 너무나 잘 알았을 것이고, 외지인이 들어와 살겠다고 하니 처음에는 호기심을 가졌을 것이다. 화가라는 사람이 아이들과 함께 강에 배를 띄우거나 들판을 오가며 그림을 그리기도 하고, 그 사람을 보겠다고 낯선 방문자들이 삼삼오오 모여들기도 했으니 말이다. 그가 포플러 나무를 그리겠다고 경매인들을 찾으러 다닐 때는 기이하게 여겼을지도 모른다. 또한 농사에 없어서는 안 될 소중한 강물을 끌어다 연못을 만들겠다고 하니 반감이 생겼을 것이다. 하지만 지금은 모네를 빼놓고 지베르니를 생각할 수 없을 정도로 모네와 그의 집이 마을의 중심이 되었다.

　말년에 모네의 명성이 높아지자 그의 집과 정원은 일종의 성지가 되었다. 인상주의를 함께했던 동료들뿐 아니라 프랑스 미술계와 정치계의 유명 인사들도 모네의 정원을 방문하고는 했다. 모네는 동료들이 모두 세상을 떠난 후에도 왕성한 작품 활동을 이어갔다. 점

꽃으로 가득한 지베르니 마을

모네의 발자취를 좇는 여정에서 가장 인상 깊었던 곳은 단연 지베르니다. 마을의 중심이 된 모네의 집뿐만 아니라, 거리마다 집집마다 정성껏 가꿔진 꽃과 나무 들이 사람들의 발길을 멈추게 한다.

차 거동이 불편해져서 멀리 여행을 다녀오는 일은 줄었지만 대신 그에게는 예술적 영감의 마르지 않는 샘물과도 같은 정원이 있었다. 그의 삶에서 지베르니의 정원을 가꾸고 수련을 그리던 때는 뜨거웠던 인생의 한낮을 지나, 해가 서쪽으로 넘어가며 하늘을 붉게 물들이는 시간이었다. 그의 예술은 이제 완숙의 경지에 이르렀고, 더 이상 사람들에게 자신의 이상을 애써 설명하지 않아도 되었다. 그럼에도 그는 조용히 저무는 대신 자신이 가꾼 정원에서 새로운 예술적 시도를 펼쳤다. 저녁놀이 단순히 해가 지는 과정이 아니라 그 자체로 온전히 황홀한 순간인 것처럼 말이다.

모네의 제자들, 미국 인상주의

모네의 작품이 뒤랑뤼엘에 의해 미국에 소개되어 점차 명성을 얻어가면서 재미있는 현상이 생겼다. 모네와 일면식도 없는 미국인 화가들이 그가 지베르니에 산다는 소식을 듣고 하나둘씩 이곳으로 모이기 시작한 것이다. 이들은 모네와 친분을 쌓고 그를 스승으로 모시며 가르침을 받고 싶어 하기도 했다. 하지만 의외로 모네는 낯선 사람들과 거리를 두는 성격이었기 때문에 이런 상황에 당황했다. 한 미국 기자와의 인터뷰에서 "처음 지베르니에 이사 왔을 때에는 오로지 나 혼자였기에 이 작은 마을이 오염되지 않았는데, 지금은 너무 많은 학생 무리가 와 있어서 떠나고 싶은 생각이 든다"라고까지 말했다.

이렇듯 모네는 자신에게 무언가를 배우고자 찾아오는 화가들을 그다지 반기지 않았지만, 몇몇 예외적인 경우도 있었다. 그중 존 싱어 사전트는 엄밀히 말해 미국보다는 유럽 전역을 돌며 자라고 활동한 화가였는데, 모네와 시간을 보낸 이후 미국으로 건너가 자신이 유럽에서 배운 예술을 자리 잡게 하기도 했다. 이미 파리 살롱에서 등단한 작가였던 사전

존 싱어 사전트, 〈숲 가장자리에서 그림을 그리는 모네〉, 캔버스에 유채, 54×65cm, 1885, 테이트모던, 영국

존 싱어 사전트, 〈카네이션, 백합, 백합, 장미〉,
캔버스에 유채, 174×154cm, 1885~1886, 테이트브리튼, 영국

트는 지인의 소개로 지베르니에 방문했다가 갑자기 모네와 함께 그림을 그릴 기회가 생겼다. 재료를 미처 준비하지 못한 사전트에게 모네가 물감을 빌려주었는데, 아무리 찾아봐도 검정색이 없었다. 결국 사전트는 자신이 그리던 방식 대신 모네처럼 검정색을 제외한 물감만으로 그림을 그리게 되었다고 한다. 그는 한동안 지베르니에 머물며 모네와 함께 야외로 그림을 그리러 다니면서 모네가 지향하는 회화의 방식을 어깨너머로 배웠다.

당시 사전트가 함께 그림을 그리러 나간 모네 부부를 그린 것이 지금도 남아 있다. 숲 근처에서 모네는 이젤을 세워두고 **풍경화**를 그리고 있고, 알리스는 뒤에서 책을 보고 있다. 화가와 그를 지지해주는 아내의 평화로운 모습이 그대로 드러난다. 이 작품에서 사전트는 이전의 사실적인 방식과 달리, 모네와 같은 짧은 붓질로 전체적인 분위기를 표현했다. 이후 사전트는 사실적인 묘사 능력과 인상주의적 색채와 분위기를 결합해 자신만의 회화 스타일을 만들어냈다. 그리고 이는 미국 인상주의가 자리 잡는 데 기반이 되었다.

19세기 말 미국에서 인상주의 전시회가 열리고 파리로 유학을 갔던 많은 미국인 화가들이 인상주의를 적극적으로 받아들였는데, 이를 '미국 인상주의'라 한다. 사전트뿐만 아니라 모네와 인상주의 전시를 함께했던 커셋, 휘슬러 등이 미국에서 새로운 회화의 바람을 불러일으켰다.

사전트처럼 모네에게 환영을 받은 화가도 있었지만, 대부분은 여름 한철 지베르니의 호텔이나 집을 빌려서 모네풍의 그림을 그리며 자기들끼리 공동체를 형성했다. 그중 몇몇 화가들은 모네의 가족과 친해졌는데, 테오도르 버틀러의 경우는 아예 가족이 되었다. 이미 이전에 한 미국인 화가가 블랑슈와 연인이 될 뻔했다가 모네가 심하게 반대하는 바람에 이루어지지 못한 일이 있었다. 그런데 모네가 〈루앙대성당〉 연작을 그리러 루앙에 간 사이, 셋째 딸 수잔이 버틀러와 사랑에 빠졌고 결혼에 성공했다. 나중에 수잔이 두 아이를 낳고 병을 얻어 사망하자 버틀러는 다시 모네의 첫째 딸 마르타와 결혼했다. 모네는 두 번의 결혼을 모두 반대했지만 결국 막을 수 없었다.

모네가 왜 그토록 미국에서 온 젊은 화가들에게 마음을 열지 않았는지 확실하지 않지만, '그림은 가르칠 수 없다'는 생각 때문에 제자를 키우지 않았던 것 같다. 그럼에도 그는 직간접적으로 많은 후대 작가들에게 영향을 주었고, 미국 인상주의의 기틀을 마련하는 데 일조하게 되었다.

윌리엄 메릿 체이스, 〈해변에서〉, 캔버스에 유채, 51×86cm, 1892, 메트로폴리탄미술관, 미국

06

CLAUDE MONET

노을

〈수련〉, 꿈의 완성

캔버스 위에 피어난 수련

지베르니에서의 하룻밤은 여행 중 가장 편안했다. 그간의 여행이 고되어서일까, 시골 특유의 분위기 덕분일까. 온몸의 긴장이 풀린 듯 깊은 잠을 자다 새벽 5시쯤 새소리에 잠을 깼다. 천천히 채비를 하고 산책을 나섰다. 관광객이 없는 지베르니의 민낯은 더없이 고요하고 평안했다. 모네가 왜 지베르니에 머물렀고 이곳을 좋아했는지 알 것 같았다. 마을에 가득한 꽃과 풀 냄새, 모네의 정원에서 들려오는 물소리와 함께하는 아침 산책은 그의 그림처럼 황홀했다.

지베르니에 자신이 꿈꾸던 정원을 완성한 모네는 더 이상 다른 곳에서 소재를 찾을 필요가 없었다. 그래서 1899년 이후부터는 물의 정원, 특히 수련을 본격적으로 그리기 시작했다. 그사이 베네치아나 노르망디 지역으로 잠시 여행을 다녀오기도 했지만 그의 주된 관심사는 수련이었다. 그는 다양한 수련의 모습을 담을 수 있도록 캔버스의 크기와 형태를 변형했다. 세로나 가로로 긴 직사각형 대신 정사각형이나 원형 캔버스를 사용해 연못의 수면만으로 화면이 가득 차게 그렸다. 수면은 마치 거울처럼 주변의 나무와 하늘을 비추고, 이것이 수면 위에 떠 있는 수련과 어우러지면서 하나의 평면을 이룬다. 물가의 나무, 풀, 다리 등 그 외의 것들은 화면 밖으로 밀려나고 우리는 그저 수면과 수련이 이루는 다채로운 색의 평면만을 바라보게 된다.

대상의 색은 모네가 이전의 연작들에서 표현했던 것처럼 날씨와 시간에 따라 달라진다. 연꽃과 연잎뿐 아니라 주변의 나무와 풀, 하늘과 구름이 수면에 어른거리며 만드는 형태와 색이 매 순간 바뀌었고 그는 이것을 효과적으로 포착해서 표현했다. 사람들은 시시각각 달라지는 색에 대해 더 이상 거부감을 느끼지 않았다. 과거처럼 하늘과 나무의 색이 고정되어야 한다고 생각하는 사람은 없었다. 모네는 이 시기에 그린 〈수련〉 연작을 모아서 연 전시에 '물의 풍경'이라는 부제를 붙였다. 그만큼 모네에게 이 연작은 제목의 '수련'을 그리는 것 이상으로 수면에 비친 풍경을 담는 것에 의미가 있었다.

몇 년에 한 번씩 〈수련〉 연작을 모은 전시회가 열렸는데, 그때마다 인기를 끌었다. 평론가들이 연일 호평을 내놓았고 일반인들도 '수련' 하면 모네를 떠올릴 정도로 대중적인 관심이 높아졌다. 자연스레 그림 속 풍경이 실제 모네가 꾸민 곳이라는 점이 알려지면서 신문 기자들이 인터뷰와 촬영을 하러 지베르니의 정원에 찾아오고는 했다. 이렇게 인기가 높아지다 보니 작품에 대한 수요도 많아졌다. 뒤랑뤼엘을 비롯한 화상들은 앞다투어 모네의 작품을 전시하고 판매하길 원했지만, 상황이 여의치 않았다. 모네의 시력이 점차 떨

〈센강의 아침〉 캔버스에 유채, 73×92cm, 1896, 개인 소장

모네는 새벽녘 센강의 모습을 화폭에 담기 위해 새벽 3시 반쯤에 일어나 화구와 캔버스를 들고 나갈 준비를 했다고 한다. 르아브르에서 해돋이 풍경을 그릴 때도 그렇고, 그는 요즘으로 치면 아침형 인간이었던 것 같다. 센강의 신비로운 아침을 그린 연작을 보면 이제 막 해가 뜨기 시작한 시간의 어스름한 빛과 밤새 이슬을 머금어 차가워진 공기를 느낄 수 있다. 지베르니에서 직접 느꼈던 그 아침과 같다.

〈수련〉 캔버스에 유채, 81×81cm, 1908, 알퐁스조르주플랭미술관, 프랑스

모네의 〈수련〉은 제목처럼 '수련'만을 소재로 삼은 것이 아니다. 그가 더 주목한 것은 연못의 수면이었다. 그의 화폭은 점차 연못을 둘러싼 온갖 사물이 비치고 수련이 떠 있는 수면으로 가득 찼다. 이는 말 그대로 물에 반사된 '빛'을 그린 것이다.

어지면서 앞이 잘 보이지 않게 되었기 때문이다.

눈의 빛을 잃고 새로운 색을 얻다

모네의 인기가 높아지는 것과 반대로 그의 시력은 떨어졌다. 급기야 1910년경부터는 백내장이 생기면서 색채가 변형되어 보이기도 했다. 화가인 모네에게 시력이 떨어지고 색채가 왜곡되어 보인다는 것은 베토벤이라는 음악의 거장이 청력을 잃었던 것과 마찬가지로 비극이었다. 특히 빛과 그에 따른 색과 인상에 주목해온 모네에게 세상이 평상시와 다르게 보인다는 것은 견디기 어려운 일이었다. 게다가 바깥세상만이 아니라 물감의 색채까지 정상적으로 보이지 않으니 그는 그림을 그리기가 힘들었다.

여기에 더해 몸이 계속 좋지 않던 알리스가 1911년에 백혈병으로 세상을 떠난다. 30여 년을 함께해온 동반자인 알리스의 죽음으로 모네는 그 어느 때보다 큰 무력감을 느꼈다. 카미유가 죽은 후 현실을 견디기 어려웠던 그가 홀로 그림을 그리며 떠돌던 시기를 묵묵히 기다려주던 여인이 알리스였다. 그녀가 없었더라면 아마 모네는 카미유가 없는 상황을 버텨내기 힘들었을 것이다. 알리스는 자신의 아이들과 모네의 아이들 모두를 따뜻하게 품어준 좋은 엄마였으며, 모네의 예술을 이해하고 그의 예술적 영감의 원천인 정원을 함께 가꿔온 동료였다. 알리스의 부재는 모네에게 삶의 중요한 버팀목을 잃은 것과 마찬가지였다.

모네는 한동안 칩거하면서 알리스와 마지막으로 함께 여행했던 베네치아에서 그린 그림들을 완성했다. 1908년에 여행을 다녀온 후 눈 상태가 좋지 않아서 한동안 멈췄던 작업이었다. 그는 알리스와의 마지막 추억을 되새기며 그때의 캔버스들을 다시 꺼냈다. 이 작품들에 대해 "세부 묘사는 더욱 과감히 생략되고 감성이 강조되었다"라는 평이 나온 것은 알리스를 잃은 모네의 심리가 강한 영향을 미쳤기 때문일 것이다.

이후 모네의 건강도 더욱 악화되었다. 1912년 7월에는 오른쪽 눈이 거의 보이지 않게 되고 왼쪽 눈마저 나빠지기 시작했다. 수술을 하자는 의사의 권유가 있었지만 거부했다. 다행히도 오른쪽 눈의 시력이 조금씩 나아졌다. 이렇게 모네의 눈 상태가 악화와 호전을 반복하는 동안, 1914년에 큰아들 장이 병에 걸려 마흔여섯 살의 나이로 목숨을 잃었다. 아내와 아들을 연달아 잃은 모네가 상실감에 힘들어하고 있을 때, 설상가상으로 제1차 세계대전이 일어나 둘째 아들 미셸이 징집되었다. 일흔이 넘은 모네는 이 시기에 사실상 그림을 거의 그리지 못했다. 새로운 대작을 위한 대규모 작업실을 짓느라 여유가 없기도 했지만, 심리적으로나 육체적으로나 이전만큼 활발히 작업할 수 있는 상태가 아니었다. 좋지 않은 건강에도 불구하고 그가 수련을 계속 그렸다고 하는데, 몇 점만 남기고 태워버려 이 시기의 작품은 많지 않다. 모네는 종종 자신의 마음에 들지 않는 작품을 없애기도 했다.

이렇듯 불안한 상태의 모네를 보살핀 사람이 딸 블랑슈였다. 당시 자주 모네를 찾아와 말벗이 되어주었던 클레망소는 항상 친절하

<대운하> 캔버스에 유채, 74×92cm, 1908, 보스턴미술관, 미국

모네가 알리스와 마지막으로 함께 방문했던 베네치아에서 그린 작품으로, 산타마리아델라살
루테성당과 운하의 모습을 담았다. 늘 그렇듯 그는 성당 자체보다 그것이 물길에 비쳐서 생겨
난 그림자와 빛의 효과에 더 관심을 가졌던 듯하다.

게 모네를 돌보는 블랑슈를 '푸른 천사'라고 불렀다. 프랑스의 유명 정치가이며 훗날 총리가 된 클레망소와 모네의 인연은 모네가 샤를 글레르의 화실에서 공부하던 시절로 거슬러 올라간다. 당시 클레망소는 의학을 공부하고 있었지만 모네를 포함한 젊은 화가들과 친하게 지냈다. 이후 소원했던 두 사람의 관계는 클레망소가 지베르니 근처로 오면서 다시 가까워졌다.

1915년경 앞서 말한 작업실이 완성되자 모네는 이곳에서 대장식화 〈수련〉을 본격적으로 그렸다. 하지만 안타깝게도 눈 상태는 더욱 나빠졌다. 급기야 1922년에는 눈이 제대로 보이지 않아 작업을 중단했고, 결국 1923년 클레망소가 소개한 의사를 통해 수술을 받았다. 수술 후 시력이 나아지는 듯했지만, 모네의 표현을 빌리자면 갑자기 시야가 파래졌다가 노래졌다가 하는 등 색채가 불안정하게 보였다. 의사는 모네가 원하는 눈 상태가 일반인보다 훨씬 더 잘 보는 것이기에 이를 만족시킬 만한 수준이 되기는 어렵다고 했다. 화가에게 눈은 단순히 대상을 식별하는 것을 넘어 그리고자 하는 대상과 그림을 모두 예민하게 지각해야 하는 중요한 '도구'다. 그러니 모네에게 좋은 시력의 기준이 남들보다 높은 것은 당연했다.

그동안 모네는 자신이 '덮개'라고 부르는, 대상과 자신 사이에서 쉴 새 없이 변하는 공기, 빛, 바람, 안개와 같은 것들을 그려왔다. 그런데 그 덮개를 포착하는 눈이 달라졌다. 어쩌면 이것은 붓을 꺾을 법한 이유다. 하지만 모네는 오히려 이런 변화까지도 날씨나 시간의 변화와 마찬가지로 포착하여 화면에 담았다. 시시각각 변화하는 날씨와 인상이 '절대적이고 객관적'이지 않듯이, 특정한 순간에 다

모네와 알리스

두 사람이 마지막으로 함께 여행했던 베네치아에서 찍은 사진이다. 세간의 비난 속에서도 힘들게 사랑을 이루어 노년에 이른 부부의 모습이 행복해 보인다. 안타깝게도 알리스는 여행에서 돌아온 3년 후에 세상을 떠났다.

른 사람에게는 보이지 않는 모습이 모네에게는 분명히 존재하는 인상이었던 것이다.

어느 다큐멘터리에서 안과 전문의의 자문을 받아서 만든 렌즈와 필터 등을 통해 이 당시 모네의 눈에 세상이 어떻게 보였을지 알아보았는데, 붉은색이나 푸른색이 강하고 형태가 여러 겹으로 중첩되며 흐릿하게 보였다. 이 실험을 통해 내린 결론은 모네가 이 시기에 그린 작품들이 그의 주관적 해석이 아니라, 눈에 보이는 그대로를 그린 것이라는 점이다. 자신의 눈에 보이는 것을 표현하는 것이야말로 진실한 예술이라고 생각한 모네의 신념이 끝까지 일관되게 유지되었음을 알 수 있다.

모네에 대해 연구하면서 이 시기가 가장 범상치 않다는 생각이 들었다. 그토록 시각에 의존하던 화가가 정상적이지 않은 시력으로 그림을 계속 그린다는 것이 범부의 관점에서 쉽게 이해되지는 않는다. 하지만 모네의 그런 열정 덕분에 이전에는 볼 수 없던 색다른 작품이 탄생했다. 그가 반복해서 다뤄온 동일한 일본식 다리와 장미 아치를 그렸음에도 형상은 불분명해지고 색감은 더욱 강렬해졌다. 붓질은 거칠면서도 강한 마티에르가 드러난다. 그래서 이 그림이 무엇을 그린 것인지 파악하려다가도 강렬한 색과 붓질에 압도당하고 만다. 부드러운 색감의 정원도 좋지만 이렇게 그린 모습에서도 또 다른 매력을 찾을 수 있다. 실제 대상에 대한 충실한 재현을 떠나 오로지 색과 질감만으로 훌륭한 회화가 된다는 점에서 이 시기 모네의 작품은 훗날 미국 추상표현주의와도 연결된다.

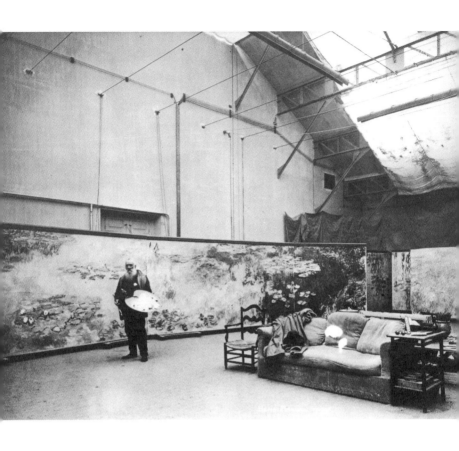

새로 지은 작업실에서 대장식화 〈수련〉을 그리는 모네

모네는 야외에서 그린다는 원칙을 평생 고수했지만, 가로 길이가 최대 10미터가 넘는 대작을 야외에서 완성하기란 불가능했다. 그래서 대장식화 〈수련〉 연작을 위한 새로운 작업실이 필요했다.

1

2

1. **〈일본식 다리〉** 캔버스에 유채, 74×92cm, 1918~1919, 마르모탕모네미술관, 프랑스
2. **〈지베르니의 일본식 다리〉** 캔버스에 유채, 89×94cm, c. 1918~1926, 휴스턴미술관, 미국
모네가 점차 시력을 잃어가던 시기에 나온 작품들이다. 1899년에 그린 〈수련과 일본식 다리〉
(209쪽)와 비교하면, 형상이 불분명해진 대신 색감이 강렬해지고 붓질이 거칠어진 것을 확인
할 수 있다.

대장식화 〈수련〉 연작을 위한 공간

모네는 여러 악조건 속에서도 그림 작업을 이어가는 한편, 자신의 작품들을 국가에 기증할 방법을 친구 클레망소와 함께 고심했다. 그는 이미 마네의 〈올랭피아〉를 루브르미술관에 들여놓는 데 성공한 적이 있었다. 또한 1912년에 로댕이 자신의 작품들과 소장품들을 모두 정부에 기증하기로 한 것에 큰 자극을 받은 상태였다. 모네는 조금 더 의미 있게 기증할 방법을 찾고자 했다.

그러던 중 제1차 세계대전이 일어나고 클레망소는 총리 겸 통수권자로서 전쟁에 온 힘을 쏟아야 했다. 다행히 1918년 11월 프랑스를 포함한 연합국의 승리로 전쟁이 끝났다. 모네는 승전을 기념하기 위해 두 점의 장식화를 기증하고 싶으며, 가능하면 파리 장식미술관에 걸렸으면 한다고 클레망소에게 제안했다. 이에 클레망소는 한술 더 떠서 여러 점의 대형 작품을 기증해주면 이를 위한 공간을 별도로 마련하겠다고 했다. 총리까지 지낸 인물다운 파격적인 제안이다. 게다가 모네의 작품만을 위한 공간이라니! 하지만 현실은 생각처럼 녹록지 않았다. 1920년에 열린 대통령 선거에서 클레망소가 낙선하면서 이 계획은 무산될 위기에 놓인다. 사실 국민의 세금을 들여서 특정 화가의 작품을 위한 공간을 만든다는 것은 쉽사리 이루어질 수 있는 일이 아니다.

재미있게도 이 소문을 들은 미국과 일본에서 자신들이 모네의 대장식화를 위한 미술관을 지어주겠다며 제안해왔다. 〈올랭피아〉의 경우와 비슷한 상황이 벌어진 것이다. 이에 클레망소는 모네에게 이 프로젝트를 자신과 함께하기로 한 약속을 지켜달라고 부탁한다. 사실 모네도 자신의 그림을 해외로 보내고 싶어 하지 않았다. 마네의 작품도 자신이 노력하여 지켜내지 않았던가. 모네는 어떻게든 대장식화가 프랑스에 남을 수 있기를 바라는 마음으로 스스로 건축가를 섭외하고 전시 공간을 디자인해서 관련 부처에 제안했지만 예산 문제로 승인되지 않았다. 파리의 비롱 저택이 미술관으로 만들어진다는 소식을 듣고 여기에 자신의 작품이 들어갈 수 있을 것이라 기대했지만, 이곳은 앞서 작품을 기증한 로댕을 위한 미술관으로 쓰이게 되었다. 클레망소가 아시아 지역으로 파견을 나가 있던 시기였기 때문에 모네 홀로 자신의 작품을 국가에 기증하기 위한 노력을 해야만 했다.

다행히 클레망소가 돌아온 후 1921년에 당시 튈르리 정원의 식물원으로 사용되던 오랑주리를 미술관으로 만들어 이곳에 모네의 대장식화를 설치하기로 했다. 하지만 모네는 그간의 일들을 보았을 때 섣불리 그림을 먼저 기증하는 것이 능사는 아니라고 생각했던 것 같다. 그는 공간이 완성된 것을 보기 전까지는 기증서에 서명하지 않겠다고 단호하게 입장을 밝혔다. 대신 둥근 벽이 있는 공간을 만들어주면 그곳에 걸맞은 거대한 작품을 그려서 기증하겠다고 제안했다. 이후 모네의 제안을 반영한 설계안이 1922년에 확정되었다.

완만한 만곡을 이루는 둥근 벽이 있는 두 개의 타원형 공간이 고안되었다. 이는 마치 수학에서 무한을 상징하는 기호처럼 보인다. 그 위에는 유리로 된 천창이 있어서 햇빛이 자연스럽게 들어올 수 있는 구조다. 부지도 확보되었고 설계안도 확정되었으니 이제 모네의 기증 의사만 남은 상황이었다. 결국 1923년에 모네는 예술부에서 제시한 기증서에 서명했다. 미술관에 모네의 작품이 영구히 소장되며, 모네의 작품 외에 어떠한 다른 것도 전시할 수 없다는 조항이 붙어 있었다. 아마도 모든 예술가들이 꿈꿀, 모네 자신의 작품만을 위한 공간이 생기는 것이다. 그것도 프랑스를 대표하는 화가로서 말이다. 2년 이내에 전시실을 완공한다는 조건에 따라 미술관 건립 계획은 순조롭게 진행되었다. 그런데 정작 모네 자신에게 위기가 찾아왔다. 시력이 급격히 나빠진 것이다.

앞서 말한 모네의 눈 수술이 바로 이 시기에 이루어졌다. 수술 후에도 색이 제대로 보이지 않았고, 조금 떨어져서 그림을 바라보면 흐릿해서 형태를 구분하기도 힘들었다. 그러니 대작을 그리기는 더욱 쉽지 않은 상태였다. 의사는 모네에게 안경을 사용할 것을 권했고, 다행히 몇 달 후 시력이 조금씩 회복되면서 색을 구분할 수 있게 되었다. 하지만 이미 노쇠했던 모네가 눈 수술과 큰 작업으로 인한 스트레스를 이겨내기는 힘들었다.

약속대로 1925년 초에 오랑주리미술관이 완공되었다. 모네가 기증서에 서명을 한 후였고 정부도 약속대로 모든 것을 이행했기에 모네의 작품이 하루빨리 완성되는 것만이 절실한 상황이었다. 이에 모네는 작업 중이던 작품 대신 자신의 소장품을 기증하겠다고 제안하지만, 클레망소를 비롯한 관계자들은 더 기다려줄 테니 계획대로 대장식화를 완성해달라고 부탁한다. 모네는 혼신의 힘을 다해 그림을 그려나갔다. 한쪽 눈으로 보면 더 잘 보인다고 말하면서 백 살까지 살아 계속 그림을 그리고 싶다는 의지를 드러내기도 했다. 하지

오랑주리미술관 '수련' 전시실이 완공된 모습

살아생전에 모네가 클레망소와 함께 구상한 대로 둥근 벽을 따라 전시실을 감싸듯이 그림이
설치되었다. 당시에는 이 정도의 대규모로 회화 작품이 설치된 사례가 없었다.

만 그해 겨울부터 눈이 거의 보이지 않게 되면서 그는 더 이상 작업을 계속할 수가 없었다. 클레망소가 그의 건강이 걱정되어 방문했을 때, 모네는 그저 정원을 걷는 것 외에 어떤 것도 할 수 있는 상태가 아니었다. 게다가 애연가였던 모네의 기침이 심해졌는데, 결국 그는 폐경화증을 앓다가 1926년 12월 5일에 사망했다. 지베르니에 피었던 예술의 빛이 꺼지는 순간이었다.

꿈의 공간에서 잠들다

모네가 세상을 떠난 1926년은 첫 인상주의 전시회가 열린 지 50여 년이 지난 해였다. 그사이 마네가 세상을 떠났고, 피사로는 1903년, 드가는 1917년에 모네의 곁을 떠났다. 르누아르는 죽기 전까지 관절염으로 고생하면서도 붓을 손가락에 묶으면서까지 그림을 그리다가 1919년에 눈을 감았다. 카유보트는 이들보다 일찍 마흔두 살이라는 이른 나이인 1894년에, 인상주의자의 영원한 후원자였던 뒤랑뤼엘은 1922년에 사망했다. 모네는 자신이 '마지막 생존자'라고 씁쓸히 말했다.

한 미술 사조의 시작과 끝을 모두 본 이가 몇이나 있을까? 자신의 작품이 루브르미술관에 들어가는 것을 보지 못한 마네와 달리, 모네는 르누아르와 드가와 함께 자신의 작품이 루브르미술관에 소장되는 것을 본 행운아이기도 하다. 여든여섯 살까지 장수를 한 덕분이기도 하겠지만, 젊은 시절 화가가 되기 위해 파리에 왔을 때부터 숨을 거두기 전 마지막 순간까지 그가 줄곧 추구해온 명확한 목표가 있었기에 가능한 일이었다. 그것은 바로 자연의 빛이다. 이 빛은 어떤 상징적인 의미를 가진 것도, 과학으로만 증명되는 것도 아니다. 모네가 그리고자 한 자연의 빛은 우리의 일상에 항상 함께하는 것이며, 매 순간 변화하여 충분히 감지되지 못했을 뿐 분명히 존재하는 현실이다. 인상주의자들은 이런 현실에 대한 인식을 공유했던 사람들이다.

비록 처음에는 인상만을 그렸을 뿐이라고 비난받았지만, 모네는 말년에 그 어떤 동료 작가들보다도 성공하여 찬사를 받았다. 그럼에도 그는 자신이 위대한 화가가 아니라고 말했다. 이것은 그저 겸손일까? 어쩌면 모네는 단지 먼저 떠났다는 이유로 자신보다 더 훌륭했음에도 불구하고 제대로 인정받지 못한 동료들에 대한 미안함과 부끄러움을 이야기한 것일지도 모른다.

모네는 완전히 실명한 후 며칠 지나지 않아 블랑슈와 클레망소가 지켜보는 가운데 세상을 떠났다. 거장의 죽음은 안타깝지만, 한편으로 행복한 마지막이 아니었을까 생각된다. 항상 옆에서 모네를 보필하던 사랑스러운 딸이자 며느리인 블랑슈와 모네 예술의 가치를 누구보다 잘 알고 이를 보존하기 위해 애써준 클레망소가 함께한 마지막은 결코 외롭지 않았을 것이다. 또한 자신이 애정을 갖고 꽃 하나까지 손수 가꿔온 지베르니의 집에서 눈을 감았으니 더 이상 아쉬울 것이 없었으리라.

모네는 지베르니의 생트라드공드성당Église Sainte-Radegonde에 묻혔다. 모네의 집을 나와 꽃이 가득한 골목을 따라 마을 안쪽으로 걷다

모네의 가족묘

지베르니의 생트라드공드성당에 모네가 가족들과 함께 묻혀 있다. 모네의 두 아들은 알리스를 잘 따랐고, 알리스의 아이들 역시 모네를 파파 모네라 부르며 따랐다. 한때 위기와 시련을 겪은 이들은 지베르니에 정착해 행복한 시간을 보냈다. 이렇듯 모네에게 지베르니는 예술적 열정과 따뜻한 가족애가 함께 꽃을 피운 곳이다.

보면 성당으로 향하는 길이 보인다. 이 길을 따라 오르면 붉은 지붕의 아담한 성당이 자리 잡고 있다. 보통 성당 뒤편에 묘지가 있는 것과 달리 이곳은 성당 앞쪽에 담벼락을 따라 묘들이 나란히 놓여 있다. 모네의 묘를 찾으려고 두리번거리다 꽃이 가장 많이 놓여 있는 곳이 눈에 띄었다. 십자가 아래쪽에 작은 화단이 있고 그 한가운데에 "여기 우리의 친구, 클로드 모네가 잠들다"라고 쓰인 모네의 묘비가 있다. 알리스, 미셸, 장, 블랑슈 등이 함께 묻힌 가족묘였다.

안타깝게도 모네는 클레망소와의 마지막 약속을 지키지 못했다. 대장식화를 걸라는 승인을 미처 하지 못했고, 그림이 걸린 모습 역시 직접 보지 못했으니 말이다. 사실 그는 자신이 완성했다고 말할 때까지 작품을 설치하지 말라고 했고, 죽기 직전까지도 그림이 마음에 들지 않는다며 설치를 거부했다. 건강이 안 좋은 노화가에게 약속대로 그림을 가져가겠다고 주장할 수는 없는 노릇이었다. 하지만 모네 사후에 그의 재산 상속자였던 미셸이 클레망소와 상의 끝에 본래 계획대로 작업실에 있던 대장식화들을 모두 오랑주리로 보낸다. 그렇게 하여 1927년 5월 17일에 오랑주리미술관이 개관했다.

인상주의의 시스티나성당

사실 이번 여행에서 나의 첫 번째 방문지는 오랑주리미술관이었다. 오랑주리는 튈르리 정원 반대편의 루브르미술관만큼 유명하지도 않고 강 건너편 오르세미술관과 비교해도 규모가 작지만, 모네를 사랑하는 사람들의 발길이 끊이지 않는 곳이다. 나 역시 성지순례를 하듯 이곳에서 모네의 흔적을 쫓는 첫걸음을 시작했다.

미술관 입구로 들어서면 '님페아'라고 적힌 하얀 벽을 마주하게 된다. 글자 옆으로 난 문으로 들어가면 작은 방 같은 공간이 나타나는데, 마치 모네의 〈수련〉을 만나기 전 잠시 숨을 고를 시간을 마련해주는 듯하다. 입구를 찾아 고개를 돌려보니 맞은편 벽의 양옆으로 작은 통로가 보인다. 어느 쪽으로 갈 것인지는 관람객의 선택에 달려 있다. 나는 오른편을 택했다. 잠시 어두워졌다가 드디어 전시실에 들어서자 사람들의 웅성거림과 함께 밝고 은은한 빛이 나를 감쌌다. 이어 시선을 끄는 것은 둥근 벽에 맞춰 걸린 대장식화 〈수련〉 연작이었다.

아침 햇살에 그렸을 법한 그림은 맑은 푸른빛을 띠고, 저녁놀이 질 때 그렸을 그림에서는 주황빛의 따뜻한 색채가 감돈다. 여름의 녹음을 담은 수련도 있고, 가을의 서글픔을 떠올릴 만한 연못도 있다. 계절과 시간에 따라 다르게 그린 〈수련〉들은 거대한 타원형의 전시장 벽을 온전히 감싸고 있어서 마치 우리가 그림 속에 들어온 것 같은 착각을 불러일으킨다. 그래서 이 공간에 한번 들어오면 쉽사리 걸음을 옮기지 못한다. 타원형의 벽을 마주 보게 놓여 있는 긴 의자에 앉아서 하염없이 그림들을 바라보고만 싶다. 그 거대한 규모에 압도되면서도 부드러운 색채에 위로를 받는 느낌이다. 오래전 처음 이곳에 온 이후 셀 수 없이 방문했음에도 그때마다 항상 감탄하게 된다. 분명 〈수련〉들은 그대로일 텐데 매번 다르게 느껴진다.

처음에는 그저 경탄이었지만 시간이 지남에 따라 즐거울 때도 있었고 쓸쓸하고 외로울 때도 있었으며 이번 여행처럼 반갑기도 했다.

모네가 처음 이 작품들을 구상하게 된 것은 작업실 벽 전체를 장식하는 '무한한 총체의 환영'을 그리고 싶다는 열망이었다.

벽의 길이를 따라 방 전체를 감싸면서 수평선도 해안도 없는 물, 그 무한한 총체의 환영을 만들어낼 것입니다. 작업으로 인한 강박은 그곳에서 풀어질 것이고, 멈춰 있는 물의 편안한 모습을 통해 그 공간에 들어오는 사람들은 누구나 꽃이 핀 수족관 가운데에 서 있는 것처럼 평화로운 명상의 피난처를 느낄 것입니다.

1909년에 모네가 《가제트 데 보자르*Gazette des Beaux-Arts*》의 기자인 로제 마르크스에게 대장식화 〈수련〉에 대한 아이디어를 이야기한 것이다. 그의 말대로 상상해보면 오랑주리미술관의 '수련' 전시실과 크게 다르지 않다. 모네가 애초에 생각한 것은 좀 더 작은 공간을 수련으로 가득 채우는 것이었겠지만, 그가 의도한 평화와 명상의 분위기는 현재 오랑주리에서도 느낄 수 있다.

전시실의 작품 배치는 살아생전에 모네가 말한 것과 클레망소의 아이디어가 합쳐져서 완성되었다. 여덟 개 패널이 두 개의 방에 나뉘어 설치되었는데, 높이가 2미터에 여덟 개의 작품 패널을 모두 합한 길이가 91미터에 달해 20세기 중반까지는 단일 회화 설치로 기념비적인 규모였다. 마치 꽃의 수족관에 들어온 것처럼 느껴지는 명상의 공간을 만들고 싶었기에 모네는 처음부터 곡선의 공간을 주

오랑주리미술관 개관식

1927년 3월 17일에 클레망소가 참석한 가운데 오랑주리미술관 개관식이 열렸다. 모네가 정부
에 기증하기로 약속한 대장식화 〈수련〉 연작이 드디어 사람들 앞에 모습을 드러낸 순간이다.

오랑주리미술관 입구

모네의 〈수련〉 연작이 소장된 오랑주리미술관은 단층으로 된 석조 건물이다. 본래 식물원으로 쓰이던 곳이라 볕이 잘 들어오도록 센강 가인 남쪽 벽은 유리로 되어 있고 나머지는 돌로 지어져 동서로 길게 뻗어 있다.

문했다. 가로로 긴 그림들이 타원형 공간의 둥근 벽을 따라 설치되어 관람객들은 그림을 정면으로 바라보는 동시에 그림에 감싸인 듯한 느낌을 받는다. 일종의 파노라마이며, 건축물의 띠 장식인 프리즈 같기도 하다. 모네의 말과 달리 오랑주리의 〈수련〉은 '장식'을 위한 그림으로 느껴지지 않는다. 프레임을 단순화한 작품 설치는 오히려 관람객이 눈앞에 놓인 거대한 물의 풍경 자체에 몰입하게 만든다.

미술관이라고 하면 대개 '화이트 큐브'라고 불리는 네모반듯한 공간에 작품을 거는 것을 생각하는데, 오랑주리미술관은 이런 고정관념을 깬다. 전시 공간과 작품의 유기적인 관계가 모네의 그림이 갖는 시간성을 극대화한다. 전시실 동쪽에 걸린 그림에서 아침이 시작되고 둥근 벽면을 따라 시간이 흘러 서쪽에 해가 지는 연못이 있다. 연결된 두 개의 방을 지나며 관람객은 최소한 이틀의 시간, 혹은 모네의 말처럼 영원의 시간이 흐르는 것을 감상할 수 있다.

모네가 사망한 이듬해인 1927년, 그토록 많은 사람들이 관심을 가졌던 대장식화 〈수련〉 연작 전시회가 오랑주리미술관에서 열렸다. 제목은 〈수련〉이지만 정작 이 작품들에서 수련이 큰 부분을 차지하거나 중심이 되지 않는다. 그보다는 수련이 떠 있는 연못의 수면이 진정한 주인공이다. 물에 비친 구름, 풀, 나무, 꽃 등이 화면의 대부분을 차지한다. 모네가 뒤랑뤼엘갤러리에서 열린 전시 제목으로 썼던 말 그대로 '물의 풍경'이다. 이에 대해 당시 기자인 폴 클로델이 했던 묘사가 절묘하다.

명상의 공간, 오랑주리미술관 '수련'방

모네가 처음 대장식화 〈수련〉 연작을 구상했을 때, 그는 수련이 떠 있는 물의 풍경 속에서 사람들이 강박과 긴장을 내려놓고 평화로운 시간을 가질 수 있기를 바랐다. 그 꿈이 실현된 오랑주리미술관 수련방에 들어설 때마다 나는 한없는 평안을 느낀다.

모네는 자연이 빛을 반영한 색의 효과로 만들어내는 온갖 다양한 모티프들을 연구해온 끝에, 그의 긴 생애의 마지막에서 가장 부드럽고도 모든 것을 관통할 수 있는 요소인 '물'을 다뤘다. 물은 투명한 동시에, 보는 각도에 따라 색이 바뀌며, 다른 사물을 비춘다. 물 덕분에 그는 우리가 볼 수 없는 것을 그리는 화가가 되었다. 그는 빛이 반사하여 흩어지는, 보이지 않는 정신적 표면을 드러낸다. (…) 모네는 대성당의 스테인드글라스를 만든 장인처럼 색에 대한 열정을 갖고 있다. 물의 밑바닥으로부터 몽상에 잠겨 소용돌이치며 색이 떠오른다.

분명 멀리서 보았을 때 보이던 꽃과 나무, 물비늘이 그림에 가까이 가면 갈수록 그 형태가 흩어지고 대신 다양한 색의 붓 자국이 눈에 들어온다. 이것이 바로 모네의 그림에서 드러나는 가장 큰 특징 중 하나다. 그리고자 하는 대상이 꽃이든 사람이든, 설사 대리석으로 정교하게 조각된 성당이라 하더라도 모네의 손에서는 그저 붓 자국으로 표현될 뿐이다. 그는 여인의 아름다운 속눈썹이나 성당의 성스러운 조각에는 관심이 없었다. 그보다는 햇빛이 자연과 사람을 비출 때 보이는 색에 집중했고 그것을 화폭에 담고자 했다. 그가 그리고자 한 것은 빛 그 자체였다.

오랑주리의 〈수련〉은 모네가 자신과 대상 사이에 있는 덮개를 그리고자 했다는 것을 작품 설치 방식을 통해서도 드러낸다. 그는 우리를 둘러싼 덮개를 그렸고, 그 덮개를 그린 그림이 다시 우리를 감싸고 있으니 말이다. 그런 점에서 모네가 그린 마지막 작품인 대장식화 〈수련〉은 그동안 모네가 행해왔던 예술적 탐구의 집약체라고 볼 수 있다.

이를 위해 모네는 작업실에 거대한 이젤을 세워두고 노쇠한 몸을 이끌고 그림을 그렸다. 그런데 혹시 한 가지 의문이 들지 않는가? 모네는 항상 야외에서 그리는 것을 강조해왔다. 직접 캔버스를 들고 밖으로 나가서 그리는 방식 말이다. 하지만 이 그림들을 야외에서 작업하는 것은 물리적으로 불가능하다. 지베르니 정원의 연못가에 거대한 캔버스를 놓을 공간은 없다. 그래서 모네는 30여 년 동안 500점 이상 그렸던 수련과 정원의 모습을 마음에 담아 그림으로 옮겼다. 스케치는 현장에 나가서 했지만, 채색은 기억을 되살려서 작업실에서 했다. 그럼에도 〈수련〉 연작은 그저 상상력의 산물이 아니다. 그가 매일 아침 산책하며 마주친 아침 풍경, 꽃을 돌보며 바라본 오후의 햇빛, 해 질 녘에 그 변화하는 색을 감지했던 연못을 담고 있기 때문이다.

오랑주리미술관은 제2차 세계대전 때 폭격을 받아 미술관 천창에 구멍이 뚫리고 그림이 훼손되는 등 시련을 겪기도 했지만, 2000년부터 2006년까지 소장과 전시 공간을 늘리기 위한 시설 확충 공사를 거쳤다. 지금은 〈수련〉뿐만 아니라 다양한 인상주의 컬렉션과 기획전, 공연 등을 볼 수 있는 종합예술 공간으로 재탄생했다.

프랑스의 평론가 앙드레 마송은 모네를 미켈란젤로에 빗대어 오랑주리미술관을 '인상주의의 시스티나성당'이라고 불렀다. 기념비적인 크기와 함께 한 시대를 대표하는 의미를 지닌 작품이 전시된 공간이라는 점에서 매우 적절한 비유가 아닐 수 없다. 시스티나성

오랑주리미술관 수련방 1 전시 작품(c. 1915~1926)

1. 〈수련: 초록색 반영〉 캔버스에 유채, 200×850cm
2. 〈수련: 구름〉 캔버스에 유채, 200×1,275cm
3. 〈수련: 아침〉 캔버스에 유채, 200×1,275cm
4. 〈수련: 지는 해〉 캔버스에 유채, 200×600cm

오랑주리미술관 수련방 2 전시 작품(c. 1915~1926)

1. 〈수련: 두 그루의 버드나무〉 캔버스에 유채, 200×1,700cm

2. 〈수련: 버드나무가 있는 맑은 아침〉 캔버스에 유채, 200×1,275cm

3. 〈수련: 나무 그림자〉 캔버스에 유채, 200×850cm

대장식화 〈수련〉 연작은 70여 년에 걸친 모네의 예술 세계를 함축한 대서사시다. 그가 평생 동안 추구해온 빛과 색과 물의 세계가 오랑주리라는 공간을 만나 '무한한 총체의 환영'을 완성한다. 그는 자신의 눈에 보이는 것만을 그리고자 했지만, 그 집요한 탐구의 끝에서 우리가 볼 수 없는 것을 그리는 화가가 되었다.

당을 찾는 사람들의 발길이 수백 년 동안 이어졌듯이, 오랑주리미술관도 모네의 작품을 통해 감동과 위안을 얻고자 하는 이들에게 오래도록 사랑받는 '평화로운 명상의 피난처'로 남을 것이다.

모네의 마지막을 함께했던 친구이자 후원자인 클레망소는 1895년 〈루앙대성당〉 연작 전시를 보고 "모네의 삶도 그 석조 건물만큼 오래 보존되어야" 하며, 그만큼 훌륭한 모네의 그림은 "우주를 지각하는 우리의 능력을 더욱 깊고 정교하게 만들어준다"라고 칭송했다. 클레망소는 모네의 작품에서 우주적 지각을 느꼈고, 그의 예술을 오랫동안 보존해야 한다는 필요성을 절감했다. 클레망소가 자신의 생각을 행동으로 옮긴 덕분에 루앙대성당만큼이나 오래 살아남은 모네의 〈수련〉을 많은 사람들이 감상할 수 있게 되었다.

모네는 세상을 떠났지만, 그의 예술은 여전히 이렇게 곳곳에서 빛나고 있다. 지는 해가 남기는 붉은 노을이 우리에게 깊은 울림을 주는 것처럼 모네가 말년에 그린 수련들이 우리의 마음을 물들인다. 내일이 되면 또 다른 태양이 떠오르듯 모네가 간직했던 새로운 예술에 대한 열망은 언제 어디에서든 또 다른 예술로 떠오를 것이다.

모네와 추상회화

모네가 활동하던 시절, 서양미술의 중심지는 파리였다. 유럽 전역에서 그림 좀 그린다 하는 젊은이들이 전부 파리로 모여들었다. 모네가 르아브르에서 파리로 유학을 왔듯이 말이다. 하지만 두 번의 세계대전 이후 서양미술, 아니 세계 미술의 중심은 전쟁의 상흔이 남은 파리가 아닌 미국의 뉴욕이 되었다. 뉴욕은 세계 경제의 중심이자, 전쟁을 피해 대서양을 건너온 유럽인들이 새롭게 자리 잡은 터전이었다. 이제 미국은 자신만의 현대미술을 만들고자 했고, 여기에 클레멘트 그린버그와 형식주의 비평가들이 한몫을 담당했다. 이들은 예술의 형식, 회화로 치면 형태와 색을 중요하게 생각했고, 이들의 확고한 논리에 따라 추상회화가 현대미술, 즉 모더니즘 미술을 이끄는 자리에 서게 되었다.

〈지베르니의 장미 화원〉, 캔버스에 유채, 89×100cm, c. 1920~1922, 마르모탕모네미술관, 프랑스

그런데 이미 인상주의자들이 기성세대가 되고, 피카소와 마티스 등 새로운 세대가 등장한 지도 한참이 지난 1950년대에 그린버그 등 미국 모더니즘 비평가들이 모네를 비롯한 인상주의 회화에 다시 주목했다. 이들은 모네가 그림 속에 어떠한 상징적인 이야기, 즉 역사적 사건이나 신화, 종교 등을 담지 않고 일상의 모습을 소재로 했다는 점에 찬사를 보냈다. 그리고 무엇보다 형태를 단순화하고 색채를 주목하게끔 한 모네의 후기 작품들이야말로 회화의 정체성을 잘 드러낸다고 생각했다. 이들은 특히 모네가 시력이 좋지 않을 때 그린 작품들을 추상회화의 시작점으로 보았다.

〈버드나무〉, 캔버스에 유채, 110×110cm, 1920~1922, 오르세미술관, 프랑스

그린버그는 『예술과 문화: 비평적 에세이들*Art and Culture: Critical Essays*』에 실린 「후기의 모네The Later Monet」라는 글에서 "이미 1880년대에 전경은 명확해지고, 색은 다양하고 풍부하면서도 강렬하며, 배경은 더욱 단순하게 조율되어 (…) 말년으로 갈수록 모네는 그의 회화를 모두 전경으로 가져온다"라고 이야기한다. 이는 그린버그 자신이 현대미술의 특징으로 강조한 평면성이 이미 1880년대부터 모네의 회화에서 드러나며, 뒤로 갈수록 점차 이런 특징이 강해진다는 의미다. 이 시기는 모네가 지베르니에 정착해서 〈루앙대성당〉과 〈건초더미〉 등의 연작을 그릴 때다. 그는 한 장소에서 같은 대상을 그리면서 시간의 변화에 따라 다른 색으로 표현했기 때문에 점차 그림 속 형태는 단순해지고 색과 붓질의 차이만 두드러지게 되었다. 이는 3차원적 공간감보다는 2차원의 평면성을 강조하는 결과를 낳았다. 수련이 떠 있는 수면만을 주목해서 그린 〈수련〉 연작들은 회화가 평면이라는 점을 굳이 숨기지 않아도 충분히 훌륭한 작품이 될 수 있음을 증명한다. 이런 점은 1950년대 미국의 추상표현주의 화가들에게 자극을 주었다.

1950년대와 1960년대 미국 화단을 주름잡았던 잭슨 폴록, 마크 로스코, 엘즈워스 켈리 등의 젊은 추상표현주의 작가들은 형상을 배제하고 오로지 붓질이나 뿌리기 등 그리는 행위만 드러내는 작업을 했다. 1955년부터 몇 차례에 걸쳐 뉴욕현대미술관MoMA에서 모네의 〈수련〉을 전시했는데, 이는 큐레이터인 알프레드 바가 모네의 아들 미셸에게서 사 온 것이다. 바는 모네의 작품이 미국 회화에 많은 영감을 줄 것이라고 여겼다. 실제로 당시 뉴욕의 많은 예술가들이 이 전시를 보러 왔고, 그 영향을 무시할 수 없었다.

운이 좋게도 이번 여행 중에 오랑주리미술관에서 미국 추상표현주의 회화와 모네의 후기 작품을 연결 짓는 지점에 관한 전시를 관람할 수 있었는데, 작품 설명을 보지 않고서는 어떤 것이 모네의 작품이고 어떤 것이 미국 작가의 작품인지 한눈에 구분하기 힘들 정도였다. 그만큼 작품들 간의 시간적 간극도 느끼기 힘들었다.

이미 21세기 문화가 영글어가고 있는 현재의 시점에서는 모네와 미국 추상표현주의 둘 다 모더니즘이라 불리는 과거의 산물이다. 그러나 모네가 지베르니에서 펼친 예술 행위들은 미국의 형식주의 비평가들이 생각하는 것과 달리 모더니즘을 넘어서는 것이기도 하다. 그가 직접 계획하고 만들어낸 물의 정원이 대지미술에 비견되고, 오랑주리미술관의 대장식화가 설치미술이라고 한다면 지나친 해석일까? 적어도 말년의 모네는 회화가 평면을 넘어서서 만들어내는 공간에 대한 이해를 갖고 있었다. 그런 점에서 모네를 21세기의 시각으로 다시 이해할 수 있을지 모른다. 찰나의 순간을 고정시킨 회화, 각기 다른 시간성을 한 공간에 결합한 설치, 더 나아가 모든 순간 계속되고 있는 실체화된 회화라 볼 수 있는 물의 정원까지 모네의 행보는 회화로만 이해되던 것 이상일지도 모른다.

아방가르드의 상징이 된 인상주의

인상주의라는 혁명을 시작하고 그 '마지막 생존자'가 된 모네의 삶은 다행히 그리 짧지 않았다. 캐리커처를 팔던 10대 소년 시절부터 죽기 직전 붓을 놓을 때까지 70여 년의 시간 동안 그림에 대한 그의 열정은 한결같았지만, 작품 경향은 서서히 변화했다. 부댕을 만나 처음 야외에서 그림을 그릴 때는 스승의 가르침과 당시 유행하던 바르비종파의 영향을 받아 자연주의적이었다. 즉 자연을 사실적으로 묘사하면서 그것에서 받은 느낌을 표현했다. 마네의 동명 작품에 대한 오마주로 그린 〈풀밭 위의 점심〉 역시 자연주의풍이다. 그러나 주로 화실에서 작업하던 마네와 달리 모네는 르누아르와 피사로 등과 함께 야외로 나갔고, 덕분에 자연광에 대한 더욱 깊은 이해를 갖게 되었다. 그 결과물로서 첫 인상주의 전시에 출품한 〈인상, 해돋이〉는 인상주의의 시작을 알림과 동시에 앞으로 모네의 작품이 나아갈 방향에 대한 이정표 같은 역할을 했다.

이후 모네는 빛과 색에 더욱 민감하게 반응하면서 날씨와 대기 상태에 따라 끊임없이 변하는 대상의 인상을 집요하게 그림에 담았다. 순간을 포착하는 그의 방식은 점차 정교해졌고, 〈루앙대성당〉 〈건초더미〉 〈국회의사당〉 등의 연작을 통해 같은 형식과 구성 속에서도 미묘하게 달라지는 색과 분위기를 효과적으로 나타낼 수 있었다. 빛에 대한 그의 평생에 걸친 탐구의 결정체가 바로 지베르니에서 그린 수련과 물의 풍경이다.

지베르니에서 모네의 삶은 서서히 기울어가는 해와 같았다. 아내 알리스와 아들 장이 먼저 세상을 떠났고, 건강도 시력도 예전 같지 않았으니 말이다. 하지만 모네는 그 저물어가는 시간을 자신의 의지대로 바꿔놓았다. 가족이 떠난 빈자리를 끝없는 작업으로 채우고, 정부와 거대한 프로젝트를 약속해가면서 건강 문제마저 무시해버렸다. 그는 잘 보이지 않는 눈을 가지고 더욱 대담한 작업을 이어갔다. 사물의 형태가 그저 회화적 구성을 위한 도구로 쓰이던 시기도 지나, 이제 색과 붓질로만 이루어진 수면이 그의 화폭을 가득 채웠다. 결국 모네의 그림은 색과 붓질만 남은 평면이 되었다.

모네가 자신이 직접 가꾼 정원에서 본격적으로 수련을 그리고 있을 때, 인상주의는 프랑스 내에서뿐 아니라 해외에서도 명성을 떨쳤다. 브뤼셀, 런던, 베를린, 빈, 베네치아 그리고 미국 주요 도시들에서 인상주의 전시가 연이어 열리면서 각국의 예술인들에게 새로운 영감과 변화의 단초를 제공했다. 모네와 인상주의자들은 세계적인 유명 인사가 되었고, 이 유명세는 지금도 진행 중이다.

한 연구에 따르면, 예술가가 성공하기 위한 조건으로 재능과 미술사적 가치 못지않게 사회적 관계가 중요하다고 한다. 이 연구는 청기사파를 만들고 바우하우스에서 후학을 양성했던 바실리 칸딘스키 그리고 뉴욕에서 유럽인들과 폭넓은 교류를 했던 앤디 워홀을 예로 들었다. 여기에 덧붙이자면 젊은 동료 화가들과 함께 단체를 만들고 전시를 열었던 모네를 빼놓을 수 없을 것이다. 인상주의자들의 결속은 매우 느슨했기 때문에 이들을 어디까지 하나의 유파 혹은 사조로 묶을 수 있는지에 대해서는 이견이 있을 수 있다. 하지만 적어도 이들이 개별적으로 자신의 작업에만 몰두했다면 살롱의 권위를 무너뜨리지 못했을 것이며, 프랑스를 넘어 세계로 뻗어나가는 미술 시장에서 우위를 점하지도 못했을 것이라는 점은 분명하다. 당시 사회와 역사 속에 이미 변화의 흐름이 일고 있었지만, 그 흐름을 타고 더 넓은 바다까지 항해할 수 있었던 것은 이들이 혼자가 아니라 함께였기 때문이다. 그 모험의 시작과 끝에 모네가 있다. 이것은 과장된 표현이 아니다. 실제로 동료들이 하나둘 세상을 떠난 후에도 모네는 마지막까지 남아서 인상주의자로서 작업을 계속해나갔다.

혹자는 모네를 굉장히 수완이 좋고 정치적인 인물, 혹은 세잔의 표현대로 돈을 밝히는 인물로 평가하기도 한다. 하지만 오늘날의 관점에서 보자면 그가 다른 화가들에 비해 현실적인 면에 조금 더 밝았던 것이 아닐까? 새로운 미술을 요구하는 시대적 흐름을 읽어내고, 그 흐름에 부응하기 위해 뜻이 맞는 동료와 후원자 들을 모아 없던 길을 만들어냈으니 말이다. 모네 자신이 의도했든 아니든, 모네 덕분에 회화는 대상에 대한 정형화된 재현에서 예술가의 주관적인 표현으로 변화했고, 그 과정에서 인상주의가 하나의 굳건한 전환점이 되었다. 그런 면에서 인상주의와 모네의 예술을 아방가르드라고 부를 수 있을 것이다.

아방가르드는 전쟁 때 맨 앞에서 적의 움직임과 위치를 파악하는 전위 부대를 일컫는 군사 용어로, 이를 문화·예술 분야에 적용하면 시대를 앞선 문화적 분위기 혹은 예술을 일컫는다. 인상주의 역시 살롱을 중심으로 한 당대의 주류 미술에 대항하여 시대를 앞선 새로운 미술을 선보인 아방가르드다. 이는 비단 나의 자의적인 판단이 아니다. 이미 20세기 초반에 그린버그가 추상표현주의를 이끌어낸 아방가르드의 시작을 마네로 보았고, 이와 함께 인상주의를 현대미술의 출발로 평가했다. 그린버그에게 훌륭한 현대미술이란 '예술을 위한 예술'의 정신을 가지고 있어야 하며, 각 장르가 갖는 '매체의 저항에 굴복'해야 한다.

'예술을 위한 예술'은 예술이 사회, 정치, 역사, 종교 등 외부적인 요인에 흔들리지 않는다는 말이다. 마네와 모네를 비롯한 인상주의자들이 살롱을 비판했듯, 기성세대의 관념이나 신화, 영웅주의에서 독립된 자유로운 미술이 곧 예술을 위한 예술이다. 또한 '매체의 저항에 굴복'한다는 것은 각 장르의 매체적 특성을 지키는 것이다. 문학, 연극, 음악, 조각 등 다양한 예술 장르 중에서 회화가 지닌 매체의 기본적인 성격은 '평면'이다. 종이든 캔버스든 벽이든 평면에 그린 것을 회화라 하고, 거기에서 입체적인 형태를 가지면 부조 혹은 조각이라는 다른 장르가 된다. 그런데 인상주의 이전의 회화는 평

오귀스트 르누아르, 〈클로드 모네〉 캔버스에 유채, 65×50cm, 1872, 워싱턴 국립미술관, 미국

면이라는 매체의 특성을 숨기고, 원근법과 입체 표현을 통해 마치 평면 위에 또 다른 공간이 펼쳐진 듯한 눈속임을 만들어내고자 했다. 하지만 모네는 환영을 일으키는 입체적인 공간 표현보다 매 순간 우리 눈앞에 실제로 보이는 빛과 색에 더 큰 관심을 두었고, 자연스럽게 회화의 평면성을 그대로 노출하는 결과를 낳았다. 수면이라는 대상을 클로즈업하여 그 위에 나타난 빛과 색을 그린 〈수련〉 연작에서 평면성이라는 회화의 매체적 특성이 전면에 드러난다. "어떠한 패턴이나 경계도 없는 이 놀라운 그림은 언어가 없는 노래이고 예술가의 주체만 있는 회화"라는 한 평론가의 표현이 매우 적절하다고 할 것이다.

모네가 세상을 떠난 지 100년이 다 되어 가는 지금, 모네의 회화는 더 이상 아방가르드적이지 않다. 그의 그림을 파격적이라고 느끼는 사람은 아무도 없을 것이다. 흉측하다고 손가락질을 당했던 에펠탑이 오늘날 익숙하다 못해 파리를 대표하는 '아름다운' 상징물이 되었듯, 한때 조롱과 비난을 받았던 모네의 그림이 이제 전 세계 미술관에서 인기를 끄는 '아름다운' 작품이 되었다. 하지만 지금 우리 눈앞에 놓인 모네의 '예쁜 그림' 뒤에는 가족과 사회로부터 외면당하고 생활고에 시달리면서도 자신이 생각하는 진정한 예술을 실현하고자 했던 그의 힘겨운 노력과 투쟁이 있다. 상류에서 하류로 흐르는 물길의 당연한 흐름에 모네가 커다란 돌을 던졌다. 물론 혼자서 한 것은 아니었다. 선배인 쿠르베와 마네가 있었고 후배 격인 고흐와 쇠라가 있었다. 또한 이 예술가들의 전위적인 노력을 높이 평가하고 지지해준 뒤랑뤼엘과 같은 많은 조력자들이 있었다.

그들이 모네가 던진 돌 옆에 또 다른 돌을 던져주고 흙을 옮겨주자 물길이 바뀌었다. 이들이 힘을 합쳐 이루어낸 인상주의는 그렇게 서양미술의 흐름을 바꾸어놓았다. 모네의 회화와 인상주의라는 달 빛은 현대미술이라는 수많은 별들에 영향을 미치며 앞으로도 오랫동안 우리의 밤을 은은하게 밝힐 것이다.

〈건초더미, 눈의 효과, 아침〉 캔버스에 유채, 65×100cm, 1891, 게티센터, 미국

모네 예술의 키워드

01 빛

빛은 모네를 이야기할 때 빼놓을 수 없는 소재이자 주제다. 그는 계절과 날씨, 시간과 상황에 따라 끊임없이 변화하는 자연의 빛에 주목했다. 빛은 인간의 눈에 색으로 지각되며, 아침과 낮과 저녁에 비추는 햇빛이 달라짐에 따라 우리 눈에 보이는 대상의 색도 달라진다. 모네의 평생에 걸친 예술적 목표는 이런 빛과 색의 변화를 포착하는 것이었다고 해도 과언이 아니다. 이는 당시에 카메라에 쓰이는 렌즈가 발달하면서 빛에 대한 관심이 높아져 광학 연구가 활발해진 것과도 연관이 있다.

모네가 사용한 팔레트

02 야외

모네가 그리고자 한 빛은 인공
적인 조명이 아니라 자연의 빛
이었기에 그는 캔버스를 들고
야외로 나갔다. 이는 야외에서
자연의 미묘한 변화를 온몸으
로 감지해 이를 화폭에 담으라
는 스승 부댕의 가르침이기도
했다. 모네는 빛이 머무는 풍경
을 따라 이젤을 들고 노르망디
해안부터 남프랑스와 지중해
그리고 멀리 노르웨이까지 여

〈스튜디오 보트〉, 1874

러 지역을 돌아다녔으며, 때로는 여러 개의 캔버스를 동시에 세워놓고 바꿔가며 작업하기
도 했다. 아르장퇴유나 지베르니 등 센강 유역에 머물 때는 스튜디오 보트를 만들어 강에
띄워놓고 그 위에서 그림을 그리곤 했다.

03 인상주의

17세기에 설립된 왕립 미술 아카데미는 프랑스 내에서 가장 권위 있는 미술 기관으로 자
리 잡았고, 아카데미가 주최하는 살롱에서 수상을 해야만 공식적으로 화가로 인정받을 수
있었다. 그러나 19세기 중반에 이르러 아카데미와 살롱이 지향하는 보수적이고 고루한 기
준에 대한 불만이 제기되기 시작했다. 모네를 비롯한 젊은 작가들은 살롱에 대항하기 위
해 의기투합하여 단체를 만들고 전시를 열었다. 이후 단체는 무산되었지만 전시는 8회에
걸쳐 이어졌다. 인상주의자라는 용어는 1874년 카퓌신 대로에서 열린 첫 전시에 모네가
출품한 〈인상, 해돋이〉를 비판하기 위해 저널리스트 르루아가 사용한 말에서 시작되었다.
조롱의 뜻이 담긴 말이어서 처음에는 반감이 있었지만, 전시에 참여한 작가들 중 일부는
이 단어가 자신들을 잘 대변해준다고 생각하게 되었고 점차 스스로를 인상주의자라고 불
렀다. 이후 인상주의는 하나의 미술 운동으로 역사에 남았다.

04 아방가르드

아방가르드는 본래 전위부대를 뜻하는 군사 용어로, 이 말이 예술 분야로 넘어오면서 시대를 앞서는 미술을 지칭하게 되었다. 모네를 비롯한 인상주의자들은 당시 주류 미술에 반기를 들고 새로운 형식의 회화를 선보였다는 점에서 아방가르드 정신을 지녔다는 평가를 받는다. 새로운 형식과 소재를 다룬 만큼 처음에는 사회적인 비난과 조소가 쏟아졌지만, 모네의 말년에 이르러 인상주의는 유럽을 넘어서 미국과 일본에서도 인정받으며 큰 인기를 누리게 되었다.

장 프레데리크 바지유, 〈콩다민 거리 화가의 작업실〉, 1870

05 댄디

19세기 초반 영국 사교계에서 등장한 댄
디는 세련된 복장과 몸가짐으로 대중에
대한 정신적 우월함을 은연중에 과시하
는 멋쟁이를 말한다. 댄디와 댄디즘은 프
랑스로 건너가 문학계에서 유행하면서
단순히 겉모습에 국한되지 않는 정신적
인 귀족주의, 예술가적 자존심을 드러내
는 태도를 가리키기도 했다. 많은 파리지
앵들처럼 모네도 댄디가 되고 싶어 했다.
돈이 없을 때도 반드시 파리에 가서 좋은
양복을 맞춰 입고, 여유가 생기면 파티나
사교 모임을 열어 상류층의 문화를 즐겼
다. 자연의 빛을 쫓아 파리 근교에서 보내
는 시간이 많았음에도 불구하고 모네는

스무 살의 모네

파리지앵이자 댄디로서의 태도를 항상 유지했다. 그가 기차를 타고 노르망디 지역을 여행
하며 그림을 그린 것 역시 당시 파리지앵들 사이에서 유행하던 삶과 무관하지 않다.

06 덮개

모네는 친구이자 비평가인 귀스타브 제프루아에게 자신은 특정한 대상을 그리는 것이 아
니라고 말했다. 그가 그리는 것은 자신과 대상 사이에 있는 '덮개'인데, 이것은 빛, 공기, 바
람, 분위기 등 눈에 보이지 않는 다양한 요소들이 만들어내는 인상이다. 그러므로 모네의
그림에서 대상에 대한 사실적 묘사나 거기에 담긴 상징적 의미는 중요하지 않다. 그는 사
람들이 눈앞에 두고도 제대로 보지 못하는 것들을 그림의 대상으로 삼았고, 덕분에 우리
는 그의 작품을 통해 미술을 바라보는 새로운 눈을 갖게 되었다.

〈런던 워털루다리〉, 1900

〈흐린 날씨의 워털루다리〉, 1904

07 연작

모네는 시간에 따라 변하는 빛을 표현하기 위해 대상의 형태와 구성은 동일하게 하고 색과 분위기만 달리한 연작을 제작했다. 최초의 연작은 생라자르 역사와 증기를 뿜는 기차를 소재로 한 〈생라자르역〉이고, 이후 지베르니 근교에서 그린 〈건초더미〉와 〈포플러 나무〉, 6개월간 루앙에 머물며 작업한 〈루앙대성당〉, 런던의 안개 낀 템스강을 신비롭게 묘사한 〈국회의사당〉〈워털루다리〉 등이 있다. 말년에 시력 악화에도 불구하고 가장 많은 수의 작품을 남긴 〈수련〉에 이르기까지, 모네의 연작들은 그의 예술 세계를 가장 함축적으로 보여준다.

08 정원

모네는 나이가 들어 경제적으로 여유가 생기자 지베르니에 땅을 사고 센강의 지류인 엡트강에서 물을 끌어와 정원을 만들었다. '꽃의 정원'이 꽃 품종과 개화 시기까지 세심하게 고려해서 그림을 그리듯 꾸며졌다면, '물의 정원'은 그가 좋아했던 자포니즘의 분위기가 짙다. 우키요에 판화에 등장하는 아치형 다리를 놓고 버드나무를 심었으며 연못 위에 수련을 띄웠다. 실제 일본식 정원과는 거리가 있지만, 모네가 꿈꾸던 이상향에 가까운 풍경이다. 오랑주리미술관에 전시된 대장식화 〈수련〉 연작은 이 물의 정원을 모티프로 삼았다.

물의 정원

모네 생애의 결정적 장면

1840 11월 14일 파리 라피트가에서 아버지 아돌프와 어머니 루이스 쥐스틴의 둘째 아들로 태어나다.

1845 노르망디 해안의 항구도시 르아브르로 이사하다.

1855 캐리커처를 그려서 인기를 얻다.

1856 풍경화가 부댕의 제자가 되다

부댕은 모네가 어린 시절을 보낸 르아브르 남쪽의 옹플뢰르 출신으로, 바다 풍경을 주로 그리던 화가다. 소년 모네의 재능을 알아본 부댕은 그에게 함께 풍경화를 그리자고 제안한다. 모네는 부댕에게서 야외에 나가 자연을 직접 보고 그리라는 가르침을 받고, 이를 평생에 걸쳐 실천한다. 또한 부댕의 독려로 파리에 가서 그림을 본격적으로 배우고 화가로 활동할 수 있게 된다.

외젠 부댕

1857 모네의 어머니가 사망하다.

1859 예술의 중심지 파리로 유학을 떠나다

아들이 화가가 되는 것을 못마땅하게 여긴 아버지 대신 르카드르 고모의 지원을 받아 본격적으로 미술을 공부하러 파리에 간다. 하지만 고모의 권유로 등록한 아카데미 쉬스와 샤를 글레르 화실의 고전적이고 보수적인 수업 방식은 모네에게 답답함을 안겨줄 뿐이다. 모네가 이곳에서 얻은 진정한 수확은 쿠르베, 피사로, 르누아르, 바지유 등 뜻을 함께하는 동료들을 만난 것이다.

살롱전에 모인 관람객들

1865 카미유와 사랑에 빠지다

카미유 동시외

카미유와 모네는 모델과 화가로 처음 만난 뒤 곧 사랑에 빠져 동거를 한다. 하지만 모네의 아버지와 고모는 두 사람의 결혼을 반대하여, 모네가 이들을 설득하는 데 실패하자 생활비마저 끊는다. 그럼에도 두 사람은 카미유가 먼저 세상을 떠나기 전까지 행복한 결혼 생활을 한다. 카미유는 젊은 시절 모네의 뮤즈로서 여러 작품에 등장하며, 〈초록 드레스를 입은 여인〉은 살롱에 당선되어 주목을 받는다.

1867	첫째 아들 장이 태어나다.
1870	프로이센·프랑스전쟁을 피해서 간 런던에서 평생의 동반자가 될 화상 뒤랑뤼엘을 만나다.
1871	모네의 아버지가 사망하다. 런던에서 네덜란드를 경유해 파리로 돌아온 뒤 경제적 어려움으로 인해 아르장퇴유로 이사하다.

1872 르아브르 항구에서 〈인상, 해돋이〉를 그리다

바지유, 르누아르 등과 함께 새로운 단체를 만들어 전시를 열 계획을 세우느라 정신이 없는 와중에, 바로 이전 해에 돌아가신 아버지의 유산을 정리하기 위해 르아브르를 찾는다. 이때 르아브르 바닷가에서 그린 것이 인상주의의 대표작 〈인상, 해돋이〉다. 이 작품은 현재 파리의 마르모탕모네미술관에 전시되어 있다.

1874 첫 번째 인상주의 전시를 개최하다

모네를 필두로 파리의 젊은 예술가들이 모여 '화가, 조각가, 판화가 무명예술가협회'를 결성하고 카퓌신 대로에 있는 사진가 나다르의 스튜디오 2층에서 첫 전시를 연다. 피사로, 르누아르, 드가, 세잔, 모리조 등 총 서른 명이 함께하지만, 살롱을 고집한 마네는 참여하지 않는다. 이 전시에 출품된 모네의 〈인상, 해돋이〉를 보고 저널리스트 르루아가 '인상'만 그리는 '인상주의자'라고 비판한 것을 계기로 인상주의자라는 용어가 탄생한다.

SOCIÉTÉ ANONYME
DES ARTISTES, PEINTRES, SCULPTEURS, GRAVEURS, ETC.

PREMIÈRE

EXPOSITION

1874

35, Boulevard des Capucines, 35

CATALOGUE

Prix : 50 centimes

L'Exposition est ouverte du 15 avril au 15 mai 1874,
de 10 heures du matin à 6 h. du soir et de 8 h. à 10 heures du soir
PRIX D'ENTRÉE : 1 FRANC

PARIS
IMPRIMERIE ALCAN-LÉVY
61, RUE DE LAFAYETTE

첫 인상주의 전시 포스터

1876	두 번째 인상주의 전시에 참여하다.
	사업가인 에르네스 오슈데의 요청으로 몽주롱의 로탕부르성을 장식할 그림을 그리러 가다. 이곳에서 알리스 오슈데를 처음 만나다.

생라자르역

1877   최초의 연작 〈생라자르역〉을 제작하다.
       세 번째 인상주의 전시에 참여하다.

1879 카미유를 잃고 알리스와 새로운 가족을 꾸리다

베퇴유로 거처를 옮길 무렵, 모네를 둘러싼 상황은 여러
모로 좋지 않다. 집세를 내지 못할 정도로 돈이 없는 데
다, 둘째 아들 미셸을 출산한 카미유의 건강이 더욱 악
화되고, 후원자이던 에르네스 오슈데가 파산하면서 아
내 알리스와 아이들을 데리고 모네를 찾아와 함께 살게
된다. 이해 가을에 카미유는 결국 세상을 떠나고, 모네
는 슬픔과 고통 속에서 그녀의 마지막 모습을 그림으로
남긴다. 이후 모네와 알리스는 세간의 비난에도 불구하
고 점차 연인 관계로 발전한다.

알리스 오슈데 모네

1880	마지막으로 살롱에 출품하고 전시하다.
1881	알리스와 여덟 명의 아이들과 함께 푸아시로 이사하다.
1882	뒤랑뤼엘의 부탁으로 일곱 번째 인상주의 전시에 작품을 보내다.
	디에프와 푸르빌 등 노르망디 해안을 여행하다.

1883 지베르니에 정착하다

가족들과 함께 안정적으로 지내며 작업할 수 있는 환경을 찾아 지베르니라는 농촌에 정착한다. 모네는 죽기 직전까지 40여 년 동안 이곳에 머물며 꿈에 그리던 정원을 가꾸고 이를 소재로 수많은 작품을 남긴다. 덕분에 지베르니는 그의 삶과 예술의 흔적을 간직한 상징적인 장소로 남아 있다.

지베르니 정원의 모네

1884~1888	이탈리아의 보르디게라, 남프랑스의 앙티브, 네덜란드 등지를 여행하다.
1889	마네의 〈올랭피아〉를 정부에 기증하기 위한 모금과 서명 운동을 벌이다.
1892	알리스와 결혼하다. 〈루앙대성당〉 연작을 시작하다.
1895	아들 자크 오슈데의 결혼식 참석차 노르웨이 산드비켄을 여행하다.
1899	〈수련〉 연작을 시작하다.
	런던에서 템스강을 그리다. 이해부터 1901년 사이에 세 차례 런던에 머물며 〈국회의사당〉〈워털루다리〉 연작 등 100여 점을 완성하다.
1908	베네치아에서 초청을 받아 알리스와 함께 가다. 이후 알리스의 건강이 나빠지고 모네 역시 시력이 약해지다.

1911   알리스가 백혈병으로 사망하다.

1916   대장식화를 위한 새 작업실을 짓다.

       제1차 세계대전 승전 기념으로 대장식화 기증을 클레망소에게 제안하다.

1923 오랑주리미술관에 대장식화 〈수련〉 기증을 약속하다

대장식화 〈수련〉 연작을 국가에 기증하기로 하고, 이에 어울리는 공간을 짓는 것을 친구 클레망소와 함께 추진하다. 우여곡절 끝에 1921년 당시 튈르리 정원의 식물원으로 사용되던 오랑주리를 미술관으로 만들기로 하고, 1922년 설계안을 확정한 뒤, 1923년 기증서에 서명한다. 모네는 이곳에 설치할 여덟 점의 〈수련〉 연작을 그리지만, 완성된 작품이 전시된 모습을 보지 못하고 세상을 떠난다.

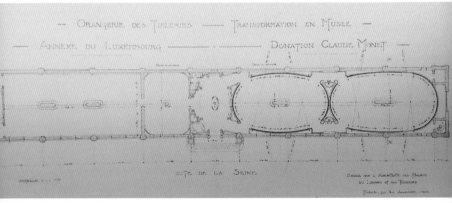

오랑주리미술관 수련방 설계도

1925   오랑주리미술관 수련방이 완공되다.

1926   12월 6일 폐경화증으로 타계하다.

1927   개관한 오랑주리미술관에서 대장식화 〈수련〉 전시가 열리다.

참고 문헌

김광우, 『마네와 모네, 인상주의의 거장들』, 미술문화, 2017.

류승희, 『화가들이 사랑한 파리』, 아트북스, 2005.

바네사 가비올리·로베르토 타시, 『모네』, 이경아 옮김, 예경, 2007.

발터 벤야민, 『아케이드 프로젝트 1, 2』, 조형준 옮김, 새물결, 2005·2006.

사사키 미쓰오·사사키 아야코, 『모네의 그림 속 풍경기행』, 정선이 옮김, 예담, 2002.

샤를 보들레르, 『보들레르의 현대 생활의 화가』, 박기현 옮김, 인문서재, 2013.

수 로우, 『마네와 모네, 그들이 만난 순간』, 신윤하 옮김, 마로니에북스, 2011.

앙드레 젬스, 『나다르』, 강문구·권오룡 옮김, 열화당, 1971.

이경률, 『사진의 여명』, 사진마실, 2006.

이동섭, 『파리 미술관 역사로 걷다』, 지식서재, 2018.

이택광, 『인상파, 파리를 그리다』, 아트북스, 2011.

진동선, 『올드 파리를 걷다』, 북스코프, 2010.

허나영, 『화가 VS 화가』, 은행나무, 2010.

허나영, 『키워드로 읽는 현대미술』, 미진사, 2011.

허나영, 『그림이 된 여인』, 은행나무, 2016.

Claudel, Paul, *Claudel: Journal, 1904~1932*, Paris: Editions Gallimard, 1968.

Debray, Cécile, ed., *Nymphéas: L'abstraction américaine et le dernier Monet*, Paris: Réunion des musées nationaux, 2018.

Goetz, Adrien, *Monet et Giverny*, Giverny: Foundation Claude Monet, 2015.

Greenberg, Clement, *Art and Culure: Critical Essays*, Boston: Beacon Press, 1989.

Mancoff, Debra N., *Monet's Garden in Art*, London: Frances Lincoln Limited Publishers, 2015.

Marx, Roger, "*Les Nymphéas* de M. Claude Monet", *Gazette des beaux-arts*, June 1909.

Patin, Sylvie, *Monet: The Ultimate Impressionist*, trans. by Anthony Roberts, London: Thames & Hudson Ltd., 2016.

Seitz, William C., *Claude Monet: Seasons and Moments*, New York: Museum of Modern Art, 1960.

Thomson, Richard, *Monet & Architecture*, London: National Gallery Company, 2018.

Wildenstein, Daniel, *Claude Monet: Biographie et catalogue raisonné*, Paris: La Bibliothèque des arts, 1979.

참고 웹사이트

클로드모네재단 fondation-monet.com
마르모탕모네미술관 www.marmottan.fr
오르세미술관/오랑주리미술관 m.musee-orsay.fr
뒤랑뤼엘&CIE 갤러리 www.durand-ruel.fr
노르망디 관광청 kr.france.fr/ko/normandy

사진 크레디트

040 Alan Kean/Shutterstock.com
045 EQRoy/Shutterstock.com
144 Spedona/Wikimedia Commons
184 Yuri Turkov/Shutterstock.com

클래식 클라우드 014

모네

1판 1쇄 발행 2019년 11월 29일
1판 6쇄 발행 2023년 10월 25일

지은이 허나영
펴낸이 김영곤
펴낸곳 아르테

책임편집 김유진
디자인 박대성 일러스트 최광렬
문학팀 김지연 원보람 권구훈
출판마케팅영업본부장 한충희
마케팅2팀 나은경 정유진 박보미 백다희 이민재
출판영업팀 최명열 김다운 김도연
제작팀 이영민 권경민

출판등록 2000년 5월 6일 제406-2003-061호
주소 (10881) 경기도 파주시 회동길 201(문발동)
대표전화 031-955-2100 팩스 031-955-2151

ISBN 978-89-509-8445-8 04000
ISBN 978-89-509-7413-8 (세트)
아르테는 (주)북이십일의 문학·교양 브랜드입니다.

(주)북이십일 경계를 허무는 콘텐츠 리더

네이버오디오클립/팟캐스트 [클래식 클라우드—책보다 여행], 유튜브 [클래식클라우드]를 검색하세요.
네이버포스트 post.naver.com/classic_cloud
페이스북 www.facebook.com/21classiccloud
인스타그램 www.instagram.com/classic_cloud21
유튜브 youtube.com/c/classiccloud21